伟大的思想
GREAT IDEAS

20

桶的故事
A TALE OF A TUB

〔英〕乔纳森·斯威夫特 著
管　欣 译

商务印书馆
The Commercial Press

A TALE OF A TUB
by Jonathan Swift
Selection copyright © Penguin Books Ltd
Cover artwork © David Pearson
Simplified Chinese edition copyright © 2023 by The Commercial
Press in association with Penguin Random House North Asia.
All rights reserved.

"企鹅"及相关标识是企鹅兰登已经注册或尚未注册
的商标。未经允许,不得擅用。
封底凡无企鹅防伪标识者均属未经授权之非法版本。

涵芬楼文化 出品

➻ 译者序

1667年11月30日,乔纳森·斯威夫特(Jonathan Swift)出生于都柏林。他出生时父亲已经去世,3岁时母亲又返回了英格兰的娘家。小斯威夫特由伯父戈德文抚养长大。1688年,光荣革命爆发,爱尔兰局势动荡不安,戈德文又撒手人寰,斯威夫特被迫中断学业,去英格兰投奔母亲的远方亲戚坦普尔爵士(Sir William Temple)。

坦普尔是17世纪英国颇具声望的政治家、文学家,晚年退隐距伦敦40英里的宅邸摩尔园(Moor Park),专心从事创作,擅长写作散文。斯威夫特担任坦普尔的秘书,为其整理文稿。坦普尔对古典文化的钟爱对斯威夫特产生了深远的影响,摩尔园丰富的藏书开阔了他的视野，从此斯威夫特学问大进。

1701年，斯威夫特初试啼声，发表了《论希腊和罗马的内部纷争》，此文以古典历史为背景，借古讽今，影射当代。1704年，《桶的故事》发表后一炮打响，当年就出了三个版本，斯威夫特名声大震。1726年10月，《格列佛游记》问世，立即引起轰动，个人声望达到了巅峰，永久地确立了在文学史上的地位。

《桶的故事》的正文共十一节，扣除一节导论，其余十节分两部分，一部分是三兄弟的故事，旨在揭露宗教的流弊；另一部分是所谓的题外话，意在讽刺学术上的流弊。两部分穿插在一起，基本上是一节叙事、一节离题的议论。在这里，正文永远是断断续续的，不断有题外话冒出来，将小说的叙述打断，我们在阅读时还以为自己在读乔伊斯或卡尔维诺的现代或后现代小说。

《桶的故事》的讽刺是彻底的。它的结构本身就是一种讽刺。正文之前有广告，有献词，有序言，一献再献，一序再序，占了全文的四分之一。斯威夫特明白地告诉我们，这是现代流行的方式，正文写得越短，序言就要写得越长。同样，题外话与

"桶的故事"交叉编排，而且前者的分量大大超过后者，这显示了现代作家离题万里的功力。

斯威夫特几乎把各种现代文体模仿了一遍，有广告、献词、序言、导论、结论、注释，甚至还有佚文。他把沃顿的评论编成若干脚注插入文中，自己又写了部分注释，介绍了写作背景、用典出处，假装揣测作者用意，对作者进行批评和指责。为了讽刺或写作的需要，他在文中故意留出空白，宣称原文已经散佚。斯威夫特对写作和出版的每一个环节都进行了嘲讽，《桶的故事》是对现代学术的讽刺，也是对现代出版业的讽刺。

《桶的故事》是斯威夫特的早期之作，有着挥洒不完的才气，绝妙的比喻俯拾皆是，比如把表扬比作养老金，把写离题话比喻成军队驻地的粮食消耗一空后，要到远处去征集粮草。他的比喻是连珠炮式的，一发接着一发。他在谈到读者浅尝辄止的特点时，接连把智慧比作狐狸、奶酪、牛奶酒、母鸡、坚果；他在总结批评家的特点时指出，他们最擅长批评，就像捕猎者对拿下第一个目标最有把握；他们喜欢围住大作家，就像老鼠总是追逐最好的奶酪；他们喜欢找人家不要的东西，就像狗喜欢吃别人扔掉的东西。

斯威夫特可以在没有缝隙的地方创造出空间来，他射出去的箭可以拐弯，可以掉头，可以上天入地。他引用保桑尼亚斯（Pausanias）、希罗多德有关驴子的论述，然后告诉我们，由于古典作家不敢得罪批评家，所以在这里只能使用隐喻。批评家很像是赫拉克勒斯等古代英雄，前者在与作者的错误作战，后者在与毒龙、巨人作战，据说赫拉克勒斯比其降伏的妖怪更可憎，所以最后把自己也干掉了，我们的批评家似乎也该如此。

斯威夫特有一种故意装出来的真诚，揣着明白装糊涂，一本正经对一个荒唐可笑的问题展开讨论。根据斯威夫特的演讲学，要在人群中赢得听众的注意，必须占据高空的位置。理由是依据伊壁鸠鲁的学说，空气和语言都是有重量的，会自然下降，只有从一定的高度发射，才能保证命中目标。至于采用什么方法到高处去，也是大有讲究的。比如，法官席就不适用，因为从词源学的角度进行考察，法官席是老人睡觉的地方，从前是别人睡觉、他们说话，现在轮到别人说话、他们睡觉了。至于讲坛为什么要用烂木头，也是大有道理的，大家不妨从演讲者及其作品的思路上着眼。

斯威夫特故意模仿现代作家的文风，东拉西扯、废话连篇，把文章写得晦涩枯燥、拖沓冗长。他对英语如臂使指，精通拉丁语，擅长玩弄双关等语言游戏，让人眼花缭乱。他的文章真真假假、虚虚实实，陷读者于五里雾中。斯威夫特用文字建立了一座壮观的迷宫。

斯威夫特的文章虽然号称平易，但是用意很深、思路很奇，有些奇思妙想不易领会；再加上时代久远、文化隔阂，许多词语的用法与现在不同，"拦路虎"比比皆是。尤其是《桶的故事》，从古典学、经院哲学、基督教到炼金术，几乎无所不包，故事荒唐可笑，行文晦涩玄奥，是一部与《尤利西斯》《为芬尼根守灵》类似的天书。

斯威夫特曾经说过，他特别针对东方人做了优化，使其便于翻译成东方语言，尤其是中文。既然作者说了这话，译者觉得，我们怎么也得把他的作品翻译成中文，看看他到底是如何优化的。我们中国人至少对这一处英文的理解要超过英国人。

管　欣

目 录

序 言 　　　　　　　　　　　1
桶的故事　　　　　　　　　　3

↣ 序　言

当代才子们的人数之众多、眼光之敏锐，让教会与国家的达官贵人忧心忡忡，他们担心这些绅士会在这漫长的和平年代抽空给宗教和政府挑刺找漏。为此，近来人们设想了诸多方案，以削弱这些令人敬畏的调查者的力度和锋芒，防止他们在这些微妙的地方寻根问底。他们最终选定了一项需要一定时间和精力加以完善的方案。与此同时，风险每时每刻都在累积，新生的才子全部配备了（因为有害怕的理由）笔墨纸张，一小时内就能化作小册子等攻击性武器迅速出手。大家觉得在主要计划尚未完备之前，绝对有必要采取某些应急措施。为解决这一问题,几天前在一个大委员会[1]上,某位好奇而高雅的观察家提出了一项重要的发现:水手们在遇到鲸鱼时,习惯扔过去一只空桶,引开它的注意力,避免对船只造成破坏。这个比喻立即被神话化了,鲸鱼被解释成霍布斯的《利维坦》,它玩弄着各种宗教和政治大计,其中大多空洞乏味,嘈杂呆板,供罗塔[2]讨论。据说当代才子们的武器就是从它那里借来的。危险中的船很容易被理解为其原型——共和国。至于如何分析木桶则成为难点所在,在经历长时间的调查和辩论后,字面的意思保留了下来,最终的决议是:为了防止这些利维坦玩弄易于动荡的共和国,要用《桶的故事》来转移他们的注意力。因为公认我在这方面有天赋,所以荣幸地承担了这一任务。

---

1. 国会的全体会议或者下议院的四个常务委员会之一。——译者[本书注释若无另注,均为译者注]
2. 哈林顿创立的一个讨论共和主义思想的俱乐部。

※ **桶的故事**

第一节 导论

谁要是有让人群聆听自己讲话的抱负,必须不知疲倦地奋力拥挤、穿插和攀登,直到达到一定的高度,跃居于众人之上。虽然所有的集会都很拥挤,我们还是可以观察到这一特点:在人们的头上有足够的空间,问题是怎么上去,从人群中脱颖而出和在地狱中脱身一样艰难。

——Evadere ad auras,

Hoc opus, hic labor est.[1]

---

1. 要想重见那朗朗青天,这才是困难所在。语出《埃涅阿斯纪》第6卷,地府的大门日夜开放,进去容易出来难。——原注

为此,古往今来哲学家的解决办法是在空中营造楼阁,不管这种建筑物以前采用过何种实践,获得过何种荣誉,以后又会怎样继续。依鄙人的拙见,他们似乎面临两大困扰——即使是挂在篮中沉思的苏格拉底[1]也不例外。其一,基础奠得太高,常常超过了他们耳目所及的范围。其二,材料的耐久性差,在严酷的气候条件下损坏严重,尤其是在西北地区。

因此,为了保质保量地完成这项重要工作,我想有三种办法可用。我们睿智的祖先为了鼓励有抱负的冒险家,竖立了三种木制设备,供演说家不受干扰地发表长篇大论。它们是讲坛、梯子和流动舞台。至于律师席,虽然材质和用途相同,但是由于它的水平或曰位置较低,难免会一直受到旁人干扰,所以不能给它第四位的荣誉。法官席也不行,尽管它位置更突出、条件(无论其支持者指的是哪方面)更优越。因为,如果他们乐于审视其最初的设计、当时的环境和衍生的结果,很快就会承认,现在的做法符合最早的设定,也合乎词源学里的本义——在腓尼基语中,这个词意义重大,直译是"睡觉的

---

1. 阿里斯托芬《云》中的情节。

地方"，一般理解为"安装了靠枕和坐垫的椅子，让患痛风的老人休息"，senes ut in otia tuta recedant[1]（当他们年老时，可以不受打扰地休憩）。这是命运安排的报复，因为从前他们在别人睡觉的时候喋喋不休，所以现在只要别人一说话他们就要睡着。

  但是，即使没有别的论据能将法官席和律师席排除在演说设备的名单之外，不管怎么说我也是要这么做的，因为接纳它们足以颠覆我决意树立的一个数字。我有意仿效许多哲学家和大教士在分类时采取的高招，他们对于某些神秘数字情有独钟、奉若神明，甚至于强迫常识在自然的每个角落为其腾出空间，在每一个属种中加加减减，反复调整，有的要强行拉郎配，还有的不惜代价逐之而后快。"三"这个数字深不可测，最能调动我的思绪，让我进入最高层次的沉思，每一次内心都法喜充满。我为这个数字写了篇颂词，已经付印，即将出版，我在文中亮出了最有说服力的证据，不但把感觉[2]和元素[3]裁军后编入它旗下，还从它的两大劲敌"七"和

---

1. 贺拉斯的诗句。
2. 一般认为有五种：听觉、视觉、触觉、味觉、嗅觉。
3. 传统的说法是四种：气、火、土、水。

"九"那里招募了一些逃兵。

讲坛在这些演说设备中排名第一——无论是位置,还是身份。岛内有几种讲坛,我最敬重用苏格兰林木[1]制造的那种,它和我们的气候十分相宜。即将腐烂者尤佳,一方面利于声音传播,其他方面的原因容在后文再表。一个在形状和尺寸上臻于完美的讲坛,我以为要做到:十分狭窄,不事修饰,最好没有盖子。因为按照古法,讲坛必须是所有集会中唯一没有盖子的容器(如果用法得当的话),这样会让它看起来酷似刑台,人们在聆听时不由得凛然起敬[2]。

关于梯子我就不必多说了。外国人发现,我们对这种设备的实践和理解超越万国之上,这一点是国人深以为豪的。演说家们登上梯子,其宜人的风度不但征服了听众,还在及时出版后[3],让整个世界为之倾倒。我认为这是英国雄辩术的无价之宝,据

---

1. 苏格兰的加尔文教会重视布道。
2. 清教徒在教堂里常戴帽子以示抗议。17世纪初,英国有时会将异议分子的耳朵割去。
3. 1698—1719年,新门监狱的牧师保罗·洛林编辑出版了一系列《死前讲话与忏悔》小册子,赚了不少钱。

我所知，那位优秀的公民和书商约翰·邓顿先生搞这方面的收藏。他坚持不懈，不辞劳苦，打算近日出版十二卷对开本，配以铜版插图，这是一部十分有用的奇书，不愧出自大家之手。

演说家的最后一个设备是流动舞台，把它立起来是需要大智慧的，sub Jove pluvio, in triviis et quadriviis[1]（在雨天的天空下，在几条道路的交叉口）。它是前两者的发源地，演说家们有时用这一个，有时用那一个，依其特点而定，三者之间有严格而永久的交流制度。

从这一严密的推论来看，要赢得公众的注意，显然要位居高处。虽然大家都同意这一点，但是对其原因却是众说纷纭，莫衷一是。在我看来，对这一现象做出合理解释的哲学家寥寥无几。我所看到的最深刻、最圆通的说法是：空气是一个沉重的物体，根据伊壁鸠鲁的理论[2]，它是不断下沉的，在语言（它们也是非常沉重的物体，这一点从它们留给我们的深刻印象可以看得一清二楚）的挤压下不住地往下沉沦，所以必须在适合的高度释放它们，否

---

1. 在露天里，在最拥挤的街道上。——原注
2. 卢克莱修，第2卷。——原注

则不是错过目标,就是下沉的力量不足。

> Corpoream quoque enim vocem constare fatendum est, Et sonitum, quoniam possunt impellere sensus.[1]
>
> ——卢克莱修,第4卷

让我更加赞同这一推测的是,我常常观察到,在这些演说家举行的一些集会上,在大自然的教诲下,听众们张大嘴巴,与地平线保持平行,与天顶到地心的垂线十字交叉。处在这个位置,如果听众紧紧靠在一起,那么人人有份,很少或者干脆没有损耗。

我承认,在现代剧院的设计和结构中还有一些更精微之处。首先,正厅后排沉入舞台下方,这是鉴于上面推导的机制,不管舞台上抛下的物体有多重,无论是铅是金,都直截了当地落入某些批评家(我想他们是叫这个)的口中,他们正准备一口将其吞下呢。出于对女士们的尊重,周围设置了与

---

1. 可以肯定,语言和声音都可以伤人,所以都属于物质。——原注

舞台平行的包厢，因为根据观察，大部分用于激发色胆和凸起的才智，往往沿直线前行，永远不停地转圈。牢骚的激情和空洞的自负被自身极端的轻浮轻轻吹起，到中场落下，被居民冷淡的理解冻结成冰。吹牛和诙谐的本性崇高而轻盈，升得最高，幸亏明智的建筑师有先见之明，为它们设计了第四个地方——十二便士的顶层楼座[1]，那里有一个大小适中的殖民地，那里的人们贪婪地中途拦截它们，否则它们就消失在天花板上了。

在这一物理-逻辑系统的演说容器或设备中包含着一个巨大的秘密，它是一个典型、一个标志、一个象征、一个影子、一个符号，它和幅员辽阔的作家共和国以及将他们拔高到滚滚红尘之上的方法十分相似。讲坛寓意着我们大不列颠现代圣人们的著作，他们去除了感觉和理性的琐碎和臃肿，加以提炼升华。上文说过，其材料是腐烂的木头，基于两点考虑：其一，烂木头有照明的功能；其二，木洞里全是虫子，这一象征有两层含义，对应着演说家的两大特征及其作品的两种不同命运。

---

[1]. 剧场中最高、最便宜的座位，一般是随从坐的。

梯子完美地象征着党争和诗歌，拜两者之赐而成名的作家犹如过江之鲫。关于党争，因为……Hiatus in MS[1]……关于诗歌，因为演说家要用一首歌结束自己的演说[2]，也因为这样慢慢往上爬，注定要在离最高点还有多步之遥的地方被命运推倒在地，还因为这种晋升来自礼貌的传递，你中有我，我中有你。

流动舞台暗指那些俗人们喜闻乐见的作品，比如《六便士妙语》《威斯敏斯特趣闻录》《幽默故事》《笑话大全》等等。今天格拉布街的作家们和枪手们已经高贵地战胜了时间，剪下了他的翅膀、修剪了他的指甲、锉平了他的牙齿、重置了他的沙漏、弄钝了他的镰刀、拔出了他的鞋钉。按照我的设想，这篇文章也属于这一类，因为我刚刚荣幸地成为那个卓越的行业中的一员。

我并不是不知道，近年来格拉布街同行们的作品受尽了白眼，两家新成立的协会一直在嘲笑他们，称他们在文坛和学界的显赫地位名不副实。他们很

---

1. 意为"原文已佚"。——原注
2. 行绞刑前通常要唱圣歌。

清楚我指的是谁,对于格雷欣和威尔[1]协会一直以来竭力毁灭我们的名声,树立他们的名声的举动,世人不会粗枝大叶到对此视而不见的地步。他们的行为不但是不公正的,也是忘恩负义、不负责任和不近人情的,想到这里,我们从感情上和公义上感到更加悲伤。世人和他们自己怎么能够忘记——更不用说我们了,我们在这方面有完整明白的记录——我们不但在他们这两块土地上播撒种子,还浇水施肥?我听说,我们的两位竞争对手近日兵合一处、将打一家,联合向我们发起挑战,比一比书籍的重量和数量。经会长同意,我谨提出两项答复。第一,这项提议和阿基米德在一件小事上的提议类似,而且在实践上是不可操作的;因为首先到哪里去找合适的天平,其次到哪里去找合适的数学家。第二,我们接受挑战有一个条件,必须委派一名中立的第三方,由他做出公正的判决:每本书籍、文章和小册子分别应该属于哪一个协会。天晓得这一点还有多少变数,我们已经制作了一份目录,上面的数千本书都理所当然地应该归于我们名下,但是有些流

---

1. 威尔咖啡馆从前是诗人雅集之处,虽然如今大家还记忆犹新,但是若干年后可能消失在人们的记忆中,到时就需要这条解释了。——原注

行作家起兵造反，背信弃义地带着它们投奔别的阵营。我们觉得，把决定权交给作家自己很不明智，因为敌人已经使用阴谋诡计造成我方大规模的叛变，大部分人已经跑到他们那边去了，我们最好的朋友都开始与我们保持距离，仿佛和我们沾边让他们感到羞愧似的。

关于这一让人不快、使人悲伤的话题，我得到授权要讲的话都讲完了，因为我们希望事情能得到和平的解决，雅不欲火上浇油，使这场纠纷旷日持久，严重破坏我们大家的利益。只要他们愿意放弃豆荚和娼妓[1]（从他们目前开展的研究来看，我认为这是对他们所从事工作最合理的说法），我们随时准备张开双臂，欢迎两位回头的浪子，就像一位溺爱孩子的父亲，不管他们怎么胡闹，继续给予他们慈爱和祝福。

我会的作品曾经大受欢迎，对此造成最大伤害的，除了所有尘世之物都面临的瞬息无常外，就是时下许多读者浅尝辄止的态度，他们只看事物的表面，怎么劝也改不了。相反，智慧是一只狐狸，你

---

1. 典出《圣经·路加福音》，浪荡子在"娼妓"身上花光了钱，只能以猪吃的"豆荚"为食。

在长时间狩猎后，最后还要花力气把它挖出来。智慧是一片奶酪，味道越醇厚，表皮越厚实、丑陋、粗糙，因此生蛆的奶酪是美食家眼中的上品。智慧是一杯牛奶酒[1]，越往底下味道越甜。智慧是一只母鸡，对它的咯咯叫声我们要高度重视，因为接踵而来的是一个鸡蛋。最后，智慧还是一个坚果，除非你选择得当，否则你会用一颗牙齿的代价换回一只蛀虫。鉴于这些重要的真理，格拉布街的贤哲们总是把他们的箴言和艺术密封在象征和寓言的大车中运输，在装饰上也许花了过多的精力，用了过多的心思，超过了必要的限度，它们的命运和所有珠光宝气、雕琢过度的马车一样，观众们的双目和心思为其光辉的外表所夺，无暇顾及里面的人物及其才华。鉴于毕达哥拉斯、伊索、苏格拉底[2]等前辈都是这样走过来的，我们在接受这一不幸时也许应该少几分勉强。

但是，无论世人还是我们，也许以后就不会产生这种误解了，在朋友们死乞白赖、百般要求之下，

---

1. 牛奶酒（sack posset），主要成分是白葡萄酒（17世纪流行于英国）、牛奶、鸡蛋等。
2. 这几位名人的容貌都很丑陋。

我终于答应不辞辛劳，撰文全面介绍我会的主要作品。这些作品不但拥有美丽的外表，用以吸引肤浅的读者，还在幽暗深邃之处蕴含了一套妙到毫巅的体系，囊括了全部科学和艺术。我毫不迟疑地把它们的奥秘打开或解开，或者从底下打捞上来，或者切开一个口子，展示给大家看。

几年前，我们一位最杰出的成员已经着手撰写这部大作。他首先提笔写了《列那狐的历史》，但是没有活到文章发表的那一天，未能继续推进这一有益的工程，着实让人扼腕叹息，因为他把他的发现告诉了自己的朋友，现在已经得到了广泛的认可。我想，没有哪位学者会质疑这篇名文不是世间知识的大全，一切奥秘的启示（revelation），或者说天启（apocalypse）。但是，我的成绩更大，已经完成了几十篇注解，关于其中的某些篇章，我将向公正的读者公布几条与我的结论密切相关的暗示。

我处理的第一篇文章是《拇指汤姆》[1]，作者是一位毕达哥拉斯派的哲学家，这篇深奥的文章包含了轮回转世的全过程，追溯了灵魂发展的所有阶段。

---

1. 《拇指汤姆》这一题材在通俗读物中反复出现，因此也是一个"转世"的过程。以下的几部书讽刺了当时的一些畅销书。

第二篇是《浮士德博士》，作者是阿特皮乌斯[1]，一位很优秀（bonœ notœ）、很有才华（adeptus）的作家。他在984岁的时候发表了该文。这位作家完全是通过reincrudation[2]或者说潮湿的（via humida）方式写作。浮士德和海伦的婚姻最惹人注目地阐释了公龙和母龙[3]的发酵。

《惠廷顿和他的小猫》是神秘的拉比杰胡达·哈纳西的作品，收录了对《耶路撒冷密西拿》的《革马拉》[4]的辩护，以及它相对于《巴比伦密西拿》的优越性——这和流俗的观点截然相反[5]。

《雌鹿与黑豹》是一位在世的著名作家的杰作，是对从司各特到贝拉敏全部一万六千名经院学者的概述。

《汤米·波茨》。据说是上文的附录，出自同一人的手笔。

《愚人村的智者及其附录》。这篇十分渊博的论

---

1. 阿特皮乌斯（Artephius），传说中的炼金术士。
2. 炼金术术语，加入水银，使之变湿。
3. 炼金术术语，分别象征着硫黄和水银。
4. 犹太教《塔木德》的律法书及其注释。
5. 一般认为巴比伦的《塔木德》胜过耶路撒冷的《塔木德》。

文是在法国和英国传播的那场争论的源头，它义正词严地为现代人的才学辩护，反对古代人的放肆、傲慢与无知。这位无名的作者已经把这一主题说透说尽了，明眼人一眼就看出，此后的所有争论不过是对它的重复罢了。近来我会的一位杰出成员发表了该文的摘要。

以上这些介绍有助于让博学的读者对整部作品（我已将自己的全部精力倾注于此）的概况有一定的了解和体验。如果能在生前完成此书，可以说薄命的我总算没有辜负余生。对于这支因为为国效力，分析"天主教阴谋案"[1]、饭桶（Meal Tubs）、《排斥法案》、消极服从的利弊，演说生活和命运、特权、财产、信仰自由，以及与友人尺牍往来而磨光了的秃笔来说，对于一直在转弯，转得破破烂烂的理智和良心来说，对于被敌党党徒打破了上百处的脑袋来说，对于被梅毒（因为误信了妓女和大夫，耽误

---

1. 1678年，一个名叫泰特斯·奥茨（Titus Oates）的骗子声称，一帮天主教徒密谋行刺查理二世，扶持国王的弟弟詹姆斯上台，在英国恢复天主教。这一谣言导致英国陷入恐慌，许多人因此丧命。以沙夫茨伯里为首的辉格党人提出《排斥法案》，剥夺作为天主教徒的詹姆斯的继承权。

了病情，事后我才知道，他们专门与我为敌，与政府为敌，为了他们的党派对我的鼻子和小腿进行报复）掏空了的身子来说，我还能要求什么呢？我历经三朝，写了91部小册子，为36个党派效劳。如今国家无事，没有我可以用笔效劳的地方，我心甘情愿地退隐林泉，继续笔耕，从事更适合哲学家身份的沉思，回顾漫长一生，对神、对人，良心无亏[1]，中心快慰，难以形容。

言归正传。蒙读者坦诚相告，我确信这篇简介已经把我会其余作品受到的中伤一扫而空，说什么它们除了才智、风格可以娱乐世人以外，对于人类没有多大的用处和价值，这是赤裸裸的妒忌和无知。无论是才智与风格，还是其他更深刻、最神秘的部分，我都从头到尾、亦步亦趋地以广受好评的原作为准绳，哪怕是最精明的对手也没有对此提出异议。为了克竟全功，我花了很大的心思，完全按照我会特有的方式配上主标题（我的意思是，在宫廷和城内的日常交谈中对它们的称呼）。

我承认，自己在书名的问题上比较随便，我注

1.《圣经·使徒行传》，第24章第16节。

意到，某些我非常尊敬的作家流行使用多个书名。书籍作为头脑的子女，和其他望族子弟一样，拥有多个名字，这合情合理，顺理成章。著名的德莱顿进一步提出了教父的多元化，显然这是一处十分有益的改进。遗憾的是，虽然有像德莱顿这样一言九鼎的人物首开先河，然而迄今为止，这一令人钦佩的发明还没有推广开来，为大众所效仿。对于如此有益的榜样，我一定大力支持，但是找教父通常会产生一笔令人不快的开支，这显然不是我能接受的，这个道理大家都能明白。我不能断言问题出在何处，但是我花了无数的心思和精力，把文章分成40个部分，向我所认识的40名贵族老爷征求意见，他们都把它当成了事关信仰的问题，纷纷写信向我表示歉意。

第二节

从前，有一对夫妇同时产下三个男婴[1]，连产婆也分不清谁是老大。他们的父亲在他们小的时候就去世了，临终前，他把孩子们叫到床边，说了下面

---

1. 这三个儿子彼得、马丁、杰克分别代指天主教、英国国教和不信仰国教的新教徒。——原注

这番话：

"儿子们，我没有置办任何地产，前人也没有留下什么产业，所以我一直在考虑要给你们留下一些优质的遗产；我付出了许多精力和财力，最终给你们每人准备了一件新外衣。喏，在这里。你们要晓得，这几件外衣有两个优点：其一，只要你们好好穿它们，在你们的有生之年，它们会始终崭新如故；其二，它们随着你们身体的增长而增长，不断变长变大，永远保持合身。来，让我在临死前看着你们穿上它们。嗯，非常好！孩子们，要干干净净地穿出去，记得要常常刷刷。这是我的遗嘱，有关衣服穿着、保养的所有细节，都可以从中找到详细的指示，你们要严格遵守这些规定，任何的违反或疏忽都将招致惩罚，你们未来的命运全部取决于此。我在遗嘱中下了一道命令：你们要住在同一屋檐下，像手足和挚友一样生活，只有这样你们才能繁荣兴旺。"

话说这位好父亲去世后，三个儿子一起出外谋生。

在最初的七年内，他们严格遵循父亲的遗愿，有条不紊地保管着自己的外衣；他们游历了多个国家，邂逅了大批巨人，还几度亲手屠龙，他们的冒险经历还有很多，在此不再赘述。

话说他们已经到了成家的年龄，就进城和女士们谈起了恋爱，尤其是当时最具盛名的三位名媛：达金特公爵夫人、格兰德·提特瑞斯夫人和道圭尔伯爵夫人[1]。我们这三位冒险家在初次露面的时候遭到冷遇，他们非常聪明，很快找出了症结所在，试着依据这里的标准来提升自己。他们写作，打趣，作诗，唱歌，说话，说了半天什么也没说；他们喝酒，打架，嫖娼，睡觉，发誓，吸鼻烟；他们看新戏的首演，泡巧克力屋[2]，殴打巡夜人；他们乘出租马车不给钱，欠店老板们的钱，和他们的老婆上床；他们杀死法警，把小提琴手从楼上踢下去，在罗记吃饭[3]，在威尔咖啡馆消磨时光；他们谈论着从来没到过的客厅，和从来没见过的贵族老爷吃饭，和从来没交谈过的公爵夫人窃窃私语；把洗衣女工的涂鸦拿给人家看，说这是上流社会的情书；永远都是

---

1. 他们的情妇是达金特公爵夫人、格兰德·提特瑞斯夫人和道圭尔伯爵夫人，即贪婪、野心和傲慢，这三大恶是古代教父猛烈抨击的基督教最早出现的腐化。——原注
2. 当时的赌场。
3. 伦敦查令十字街的一家时尚餐馆。

刚从宫廷里回来,可从来没在那里现过身;参加了在户外举行的早朝;在一个社交场合用心记下了嘉宾的名单,然后在另一个场合如数家珍地复述他们的名字。最重要的是,他们经常参加议员的会议,这些议员在议院中沉默无语,在咖啡馆里高谈阔论,他们每晚都到那里去思考政治问题,身边簇拥着一帮信徒,等着拾他们的牙慧。三兄弟还获得了40项类似的资质,这里就不一一赘述了,因此他们被公认为城中最有成就的人士。但是这还不够,前文所述的女士们仍然毫不动心。为了澄清这一问题,请读者诸君保持耐心,我得谈谈那个时代的作家没有阐明的几个重要问题。

大约在这个时候,有一个教派在上流社会流布很广,所有的时尚人士都趋之若鹜。根据该教的教义,他们所崇拜的偶像按照类于工厂的运作模式天天在造人。他们把这个偶像供在家里最高的地方,安置在约三英尺高的祭坛上。其造型是一位盘腿坐在底座上的波斯皇帝。这位神明以鹅为标志,有些饱学之士据此推断他源自卡匹托尔山[1]。地狱在他的

---

[1] 高卢人入侵罗马时,朱庇特神庙的白鹅及时发出预警,挽救了罗马的命运。

左手打开了祭坛下方的大门，捕捉他正在创造的动物。为了保护它们，祭司们不断投进去一块块没有生命的物体，有时是还有生机的完整四肢，那个可怕的深渊在贪得无厌地吞噬着，那种景象真是惨不忍睹。那只鹅被认为是尊小神或者说Deus minorum gentium（小国的神），在神龛前供奉着一种随时要吮吸人血的动物[1]，它在国外享有盛名，是埃及长尾猴的最爱。为了满足神猴超大的胃口，每天要屠宰无数这种动物。该主神被视为尺码和针线的发明者，至于他是不是水手之神，是否具备其他种种神秘属性，还有待考察。

　　该神的崇拜者有自己的一套信仰体系，其基本原理是：宇宙是一套很大很大的衣服，覆盖了世间万物，空气覆盖了地球，星星覆盖了空气，原动天[2]覆盖了星星。审视一下地球，你会发现它是一套时尚的衣服。那个被某些人叫作大地的东西，不正是表面抹了一层绿色的漂亮外衣吗？大海不正是波纹绸的背心？再看看造物主的具体作品，大自然打扮植物美男的手艺是何等的熟练；山毛榉的假发多

---

1. 虱子。
2. 托勒密天文学中最外层的天体。

么俊俏，桦树身上的白缎子紧身上衣多么漂亮。总之，人难道不正是一件小小的外衣，或者说一套包括全部装饰物在内的套装？他的身体自不用说，即使是心灵上的造诣，也对衣服的组成分别做出了自己的贡献。最后再举一个例子，宗教不正是一件斗篷，诚实不正是一双在尘土中磨破了的鞋子，自爱不正是一件男式大衣，虚荣不正是一件衬衫，良心不正是一条裤子（原本是要遮挡淫秽和污秽的，然而为了它们的缘故轻而易举、随随便便地就滑落下来）？

如果我们承认了这些基本假设，接下来就能得出如下结论：那种被世人错误地叫作衣服的生命其实是一种最有教养的动物，拎高一点儿说，它们是理性的生物或者说人类。它们和人一样生活、走动、说话，从事其他所有的人类活动，这不是明摆着的吗？难道美丽、机智、风度、教养不正是它们不可分割的属性吗？一言以蔽之，我们耳闻目睹的都是它们。它们走在街道上，挤满了议会、咖啡馆、剧场、妓院。诚然，这些被粗俗地称作衣服或服装的动物，根据不同的组成部分获得不同的名称。如果将其装点上金链条、红长袍，配以白色木杖和高头大马,就唤作市长大人;如果在某个位置放上某种貂皮和毛皮,我们就称其为法官;如果把上等细麻和黑色绸缎恰到好处地搭配起来,我们就将其命名为主教。

有些教授虽然对于该学说大体表示赞同,但是在某些枝节上精益求精;他们主张人是一种由两套衣服组成的动物,一套自然的,一套神圣的,分别对应肉体和灵魂,灵魂是外衣,肉体是内衣,后者是父母遗传的(ex traduce),前者是每日生成和扩散的。这一点在《圣经》中得到了证明:我们生活、动作、存留,都在乎他们;同样也在哲学中得到了证明:因为它们是一切的一切,是一切寓于一切。他们还说,把这两者分开来,肉体会沦为一具没有知觉、令人厌恶的尸体。因此外衣显然只能是灵魂。

该宗教体系还衍生出几条非常流行的教义,比如在精神层面,有学问的人得出如下推论:刺绣是纯粹的才智,金流苏是宜人的谈话,金饰带是机敏的应答,一头长长的假发是幽默,一件涂满香粉的外套是令人捧腹的玩笑,要游刃有余地驾驭这一切,需要巧妙的手段以及对时代和时尚的敏锐观察。

我花了很大的力气,阅读了大量古代典籍,才将这一套与古今任何思想体系都截然不同的哲学与神学归纳成这篇简短的摘要。这不仅是为了迎合或满足读者的好奇心,更是为了帮助他理解接下来的故事,了解一个古老时代的精神与观念,从而更好地理解它们所孕育的那些重大事件。所以我建议高雅的读者聚精会神,反复研读我在上面写的这些话,一字一句也不放过。按下这个暂且不表,我将重拾故事的主线,继续往下讲述。

这些观点及其实践在官廷和城市的上层非常流行,处在当时的环境下,我们这三位冒险家兄弟感到惘然若失。一方面,他们追求的三位女士(我们在上文已经点出了她们的名字)一直俏立于时尚潮头,你要是落后于潮流,哪怕只有一根头发的距离,她们都看你不起。另一方面,父亲在遗嘱中写得清清楚楚,除非遗嘱中另有明确的要求,否则一根线都不能动,这是一条最重要的原则,违反后的惩罚也是最重的。说真的,父亲留下的外衣,料子非常好,而且做工精湛,你可以一口咬定它们是用一块料子做成的,同时又非常简洁,几乎没有什么修饰物。他们到城里还不到一个月,肩饰就流行了起来,一夜之间传遍了大街小巷,要是没有一定数量的肩饰，连女士们的内室沙龙[1]都不让你进。"这个家伙，"有人喊道，"没有灵魂，他的肩饰在哪里？"我们的三兄弟在外出时受到了40次屈辱，不幸的遭遇很快让他们发现了自己的不足。他们去剧场，守门人会把他们带到十二便士的顶层楼座。他们去乘船，船夫会说："我是划单人艇[2]的。"他们去玫瑰酒馆喝酒，侍者喊道："老兄，我们不卖麦芽酒。"他们要是去拜访一位女士，把门的男仆会说："请问你们要我带什么话？"面对着如此令人沮丧的局面，他们立即回去查阅父亲的遗嘱，反反复复读了好几遍，还是找不到关于肩饰的只言片语。他们该何去何从？该做出怎样的调整？服从绝对是应该的，但是肩饰尤其不可或缺。三兄弟中最饱读诗书的那个在深思熟虑后提出一条变通之道。"诚然，"他说，"遗嘱通篇没有提到肩饰这个词（totidem verbis），不过我敢推测，它就以音节的形式（totidem syllabis）蕴藏在文中。"这一区分立即得到了大家的赞同，又开始仔细查阅遗嘱。但是他们实在是霉星高照，把遗嘱翻遍了也找不到第一个音节。失望之余，想出这

---

1. 内室沙龙（ruelles），17世纪法国的贵妇人上午在闺房招待来宾。
2. 单人驾驶的船比较便宜，当然也就不那么时尚。

招的那位兄弟抖擞精神说道:"兄弟们,这事还有希望,虽然我们找不到同样的单词(totidem verbis)和音节(totidem syllabis),不过我敢保证,我们可以采用第三种方式(tertio modo),即同样的字母(totidem literis)。"这一发现同样得到了很大的推崇,他们再度进行检索,而且很快就找到了S、H、O、U、L、D、E、R这几个字母,但是那颗霉星偏不让他们安生,有意不让他们找到K[1]。这实在是一个巨大的难题!不过那位杰出的兄弟(以后我们会给他起一个名字)如今对于此道已经驾轻就熟,他出色地证明K是后世的一种不规则的用法,这个字母在学术昌盛的时代是不存在的,在所有的古代抄本中从来没有出现过它。"是的,"他说,"Calendæ这个词在Q. V. C.里有时候是有个K,但这个拼法是不对的,在善本中它一直拼作C,这个错误沿袭下来,'肩饰'这个词在我们的语言中就有了个K。"不过以后他会注意写作C的。于是一切的困难都烟消云散,肩饰成了父权法(jure paterno)的象征,我们这三位绅士堂而皇之地佩戴着最大最炫的肩饰招摇

---

[1] 肩饰在英文中拼作shoulder-knot。

过市了。

人类的幸福悉皆取决于人类的时尚，幸福总是那么昙花一现，而时尚的流行也是那么短暂。肩饰在风行一时后渐露颓势，一位刚从巴黎回来的贵族在外衣上嵌了50码长的金饰带，和当月的宫廷时尚完全吻合。两天之内，所有人都围起了一条条的金饰带。谁要是出门没有这玩意儿，简直像［太监］一样可耻，将遭到女人们的集体抵制。面对这一重大事件，我们这三位骑士将何去何从？他们在肩饰的问题上已经做出了巨大的让步。求助于遗嘱的结果是深深的沉默（altum silentium）。肩饰的问题比较宽松，可以灵机一动，随机应变，但是金饰带的变动委实太大，找不出合理的理由。这一变动在某种意义上本质上属于本体（aliquo modo essentiae adhaerere）[1]，须得有明确的指令才好。前面提到的那位博学的兄弟这段时间正在阅读亚里士多德的逻辑学，尤其是那篇精彩绝伦的《解释篇》，它向读者传授了从万事万物中寻找到言外之意的本领，就像《启示录》的注释者们虽然看不懂经文中的任何一个

---

[1]. 经院哲学中的套话。

音节，却照样当他们的预言家。"兄弟们，"他说道，"要知道遗嘱有两种（duo sunt genera），一种是口传的，还有一种是文字的，摆在我们面前的这份文字遗嘱没有提到金饰带，这一点我同意，但如果就此断言口传的遗嘱也如此，我不同意（conceditur, but si idem affirmetur de nuncupatorio, negatur）[1]。兄弟们，不知你们是否还记得，小时候我们听一个人说过，他听父亲的一名下属说过，这位下属听父亲说过，等他的儿子们能挣钱了，他会立即建议他们在外衣上嵌上金饰带。""太对了。"另一位兄弟喊道。"我记得很清楚。"第三位兄弟说道。于是，他们干脆利落地戴上教区内最大的金饰带招摇过市，一副贵族老爷的派头。

过了一段时间，一种火红色缎面的里子[2]又火了起来，布商立即给这三位绅士拿来一个式样。"各位阁下，"他说道，"昨天晚上，C. 勋爵和 J. W. 爵士用这块布做了里子。它卖得非常好，到明天上午10点，

---

[1]. 经院哲学中的套话。
[2]. 即炼狱，下文将有详细说明，此处只是表明，为了证明所要的结论，人们是如何对《圣经》进行歪曲，把正典的权威地位赋予次经（这里叫作遗嘱附录）的。

剩下的布都不够给我老婆做一个针垫了。"于是,他们又去从头到尾检索遗嘱,因为当前的问题同样需要明确的指令,正统的作者主张里子是外衣的本体。他们费了很大的工夫,只在遗嘱中找到一条小小的建议,要他们注意防火,在睡觉前熄灭蜡烛。这虽然合乎他们的心意,大大有利于他们坚定信心,但是还不足以树立权威。为了一举打消顾虑、永绝后患,那位学者兄弟说道:"记得我读到过遗嘱的附录,它也是遗嘱的一部分,和其余部分拥有同样的效力。摆在我们面前的这份遗嘱没有附录,所以我认为是不完整的。因此我要在合适的位置上给它巧妙地补上一份。我手头有这么一份东西,在我这里已经一段时间了,作者是为祖父养狗的,幸运的是,里面有大段的篇幅谈到这种火红色的缎子。"这一方案立即得到一致赞成。他们找来一张旧羊皮纸,作为附录添了上去,把缎子买回来穿了起来。

来年的冬天,流苏行会雇来一位演员,全身披着银流苏,在一部新喜剧中出演角色,于是这一时尚依照那值得赞美的风俗流行开来。三位兄弟查阅父亲的遗嘱,发现了如下惊人语句:"我命令我的三个儿子不得在上述外衣上佩戴任何银流苏",否则将处以惩罚云云（文长不录）。在踌躇了一会儿后，我们多次提到的那位博学多识的兄弟又发话了，他精于批评，曾经在某位作家（他要求不公布此人姓名）的著作里读到过，遗嘱中叫作"流苏"的那个词还有"扫帚"的意思，在这一段文字中无疑也应该做同样的解读。另一位兄弟表示反对，因为依他的拙见，用"银"这个词来修饰扫帚并不合理。他得到的答复是，这个修饰词要从神话和寓言的角度来理解。但是他再度提出质疑，为什么他们的父亲要禁止他们在外衣上佩戴扫帚，这一警示似乎有点反常，不合情理。他的话被中途打断，因为这个神秘事物无疑是非常有益而重要的，对此不能像他那样出言不逊，过分好奇地盘根究底，钻牛角尖。总之，他们父亲的权威如今已经一落千丈，这一权宜之计成了允许他们穿银流苏的特许状。

过了一段时间，一项过时已久的古老时尚卷土重来了，那就是印第安肖像刺绣，有男人、妇女和儿童等[1]。这一次他们无须查阅遗嘱了。他们明白地记得，父亲对于这一时尚一向是深恶痛绝的，他特

---

1. 圣人、圣母的像，救世主是儿童像。

地用了几个段落的篇幅表示与其誓不两立，如果哪个儿子沾染了这一恶习，他将对其发出永恒的诅咒。尽管如此，几天之内，他们成为城里接受这一时尚最快的人。他们解释，这些肖像和以前戴的不同，与遗嘱中谈的不是一回事；此外，他们不是在那个被父亲所禁止的意义上佩戴的，而是作为一种值得赞美且大有益于公众的风俗来接受的。对于遗嘱中那些严苛的条款，要学会做出一定的变通，不能教条主义地进行理解（cum grano salis）。

但是，那个时代的风尚一直变动不居，那位学院派兄弟厌倦了无休止地寻找借口和解决矛盾。他们下定决心，不管前途有多大的风险，也要顺应世界的潮流，他们一致讨论决定，把父亲的遗嘱锁在一个从希腊或意大利（我忘了是从哪里来的）带来的坚固的盒子里，只在他们认为合适的时机才打开来查阅。过了一段时间，外面流行在衣服上穿无数个尖包头系带，大多包着银片，学者兄弟权威地宣布，他们大家都清楚地记得，这完全符合父亲的意旨。诚然，有些东西在遗嘱中没有明文规定，但是，他们作为父亲的继承人，有权为了公共福祉制定并增加若干条款，虽然在遗嘱中没有一模一样的词句（totidem verbis），但是如果不这样做，各种各样荒谬的事情就要接踵而至（multa absurda sequerentur）。这被认为是符合教规的，因此接下来的星期天他们就满身裹着尖包头系带去教堂了。

上文多次提到的这位有学问的兄弟被认为是最精通此道的学者——不是第一也是第二，虽然行为处事稍落后于世人，还是获得了某位贵族[1]的垂青，将其请入府中，担任家庭教师。不久后这位贵族过世了，这位学者兄弟因为长期浸淫于父亲的遗嘱，于此颇有心得，于是想方设法把那座房子转让到了他和他的继承人的名下，将其据为己有，把那些年轻的绅士们扫地出门，由其兄弟取而代之。

第三节　关于批评家的题外话

虽然到目前为止，我在任何场合都保持谨慎，紧紧遵循现代人中的杰出榜样制定的写作规则和写作方法，但是不幸我记性不好，犯了一个错误，所以在进入正题之前，要立即甩掉这个包袱。我很惭

---

1. 君士坦丁大帝。教皇们自称继承了君士坦丁大帝给予圣彼得的赠礼，但是从来没有证明这一点。——原注

愧，写了这么多，竟然还没有向批评家老爷们讲一些劝诫的、祈求的或者反对的话。我必须承认，这是一个不可原谅的遗漏。为了弥补这一可怕的疏忽，我在此冒昧地呈上一篇简述批评家其人其艺的文章，按照我们通常理解的含义，追溯这个词的词源，非常简要地回顾其古今演变的过程。

我在古代书籍和小册子中读到，如今人们常说的"批评家"这个词，有时候可以分成三种截然不同的人。第一种人为自己和世人制定和起草规则，细心的读者在遵守这些规则后，可以对学者的成果评头论足，可以学会欣赏真正的崇高和美好，可以将内容或风格的美与拙劣的模仿之作区别开来。他们在平常的阅读中，把错误和不足之处、令人作呕之处、沉闷之处、离题之处一一挑出来，其态度之小心谨慎，就像一个人早上在爱丁堡街头行走，一路上全神贯注地注视着地面上的垃圾[1]。他并非要打探粪便的颜色、色泽或大小，更不消说亲自抚摸或品尝了。他的目的只是要尽量干干净净地走出来。这些人尽管大错特错，但是他们似乎理解的是批评

---

1. 爱丁堡多层住宅的住户一般在晚上10点后将垃圾从窗户里扔出去，第二天早上7点由清洁工来收取。

家的字面意思。批评家的主要职责之一是赞扬和宣判无罪，一位批评家如果阅读的目的只是为了非议和责难，就像是一位野蛮的法官，决心把所有来打官司的人全部吊死。

其次，"批评家"这个词曾经意味着从蛀虫、坟墓和故纸的尘土中恢复古代学问的人。

这两种批评家在很久以前就灭绝了，此外，谈论他们也全然不是我的旨趣所在。

第三类是真正的批评家，他们最为高贵，起源也最为古老。每一位真正的批评家都是天生的英雄，天神的直系后代，莫墨斯和许不睿生了左鲁斯，左鲁斯生了提格里乌斯，提格里乌斯生了老埃特塞忒拉，老埃特塞忒拉生了本特利、雷默、沃顿、佩罗和丹尼斯，丹尼斯生了小埃特塞忒拉[1]。

这些批评家嘉惠学林，历代学人皆仰其雨露，崇拜者们感恩戴德，把他们的原型放在天上，与赫拉克勒斯、忒修斯、珀耳修斯等人类的大功臣为伍。

---

1. 许不睿（Hybris），希腊语，意为"傲慢"。左鲁斯（Zoilus），公元前4世纪的一位希腊学者，曾对荷马进行过激烈的批评。西谚云："每位诗人都有自己的左鲁斯。"提格里乌斯（Tigellius）对贺拉斯进行了苛刻的评论。埃特塞忒拉（Etcætera），拉丁文，"其余、等等"的意思。

然而，纵使英雄的美德也免不了旁人的闲言碎语。有人指责这些古代的英雄（他们因为与无数巨人、恶龙和强盗搏斗而名扬四海）自己就是人类的大害，他们所征服的怪物还不及他们为害之甚；因此，为使功德圆满，在把所有的害人虫消灭殆尽后，他们应该对自己如法炮制，就像赫拉克勒斯那样慷慨赴死[1]，由此赢得同伴望尘莫及的神庙和信徒。我推测，正是出于上述理由，有人认为，为了学界的共同利益，每一位真正的批评家在完成任务后，应该立即用杀鼠药、麻绳或从合适的高度解决自己。任何人在没有做完这件事之前，万万不能把这一卓越称号授予他。

他们既然有诸神的血统，与英雄的美德如此相似，作为一名真正的、古代的、名副其实的批评家，其职责也就呼之欲出了：在这个广袤无边的文字世界中旅行；搜索与生俱来的滔天大错；把潜藏的错误揪出来，就像把卡库斯从其巢穴内揪出；让它们像许德拉的脑袋一样繁殖众多；像打扫奥革阿斯的

---

[1] 赫拉克勒斯的妻子得伊阿涅拉上了别人的当，把染上毒血的衣服送给丈夫，以为这样可以挽回丈夫的心。赫拉克勒斯穿上这件衣服后痛苦难忍，自焚而死。

牛厩一样耙在一起；赶走一种危险的家禽，它变态地折下了知识之树最美的枝条，就像斯廷法罗湖上的鸟儿吃光树上的水果一样[1]。

据此，我们可以归纳出真正的批评家的完整定义：他是作家错误的发现者和收集者。我们将对这一点给出更加无可辩驳的证明：任何人在审视这一古老的派别为世人增光的各类著述时，会立即从它们的整体思路、文章要旨中发现，作者的想法和其他作家的错误、瑕疵水乳交融，往来无间，无论涉足何种题材，他们的脑海里充斥着别人的缺陷，劣作的"精华"从他们的笔下自然流出，于是乎整部作品看上去无非是他们所做的批评的摘要而已。

在根据"批评家"这个词最高贵、最常用的含义，简要地研究了他的起源和职责后，下面我将驳斥某些人的质疑，他们以作者们的沉默和忽视为由，试图证明：现在实践的、我所解释的批评艺术完全是现代的，英国和法国的批评家没有资格拥有如此

---

1. 它们都属于赫拉克勒斯完成的十二项伟业。卡库斯是一种喷火的怪兽，它偷走了赫拉克勒斯的牛，藏在自己的洞穴里。九头蛇许德拉，砍掉一个脑袋，又生出两个来。奥革阿斯的牛厩堆满了牛粪。斯廷法罗湖怪鸟抖落的羽毛犹如射出的飞箭，它们的铁嘴甚至能够啄破青铜盾。

古老而高贵（我已经证明了这一点）的称号。如果我能清楚地证明，恰恰相反，最古的作家已经具体描述了真批评家其人其责，与我下的定义若合符节，他们根据作者的沉默而提出的主要反对意见也就不能成立了。

我承认，在很长一段时间内我也犯了这个错误，如果没有高贵的现代人相助，永远不会迷途知返。为了开拓心智、造福国家，我焚膏继晷、不知疲倦地研读他们极具启发意义的作品。他们坚持不懈地做了许多有益的研究，直探古人的弱点，编纂了详细的清单。此外，他们还圆融地证明，其实后人早已发明和揭示了古人最精妙的学问，当代卓越的天才已经做出了古人在艺术或自然上所有最高贵的发现。显然，这表明古人真正拿得出手的成绩少之又少，对他们的盲目崇拜可以休矣，那些崇拜者们局促一隅，对于当代事务了解得实在太少太少。在审慎地思考问题的方方面面，全面洞察了人性经纬的基础上，我轻松地得出结论：古人非常清楚自己的诸多不足，必定在作品的某些段落模仿他们的老师——现代人，通过对真正的批评家的讽刺或歌颂，打消读者挑刺的意愿，削弱他们的斗志，转移其注意力。我长期浸淫于序言与开场白之研究，对于两者的陈词滥调了如指掌，因此决心试一下我的研究成果，花大力气解读最古的作家，尤其是那些研究上古时代的作家。我惊奇地发现，尽管他们或满怀畏惧或满怀希望地着手对真正的批评家进行具体的描述，然而他们在下笔之际小心翼翼，止步于神话和符号。我以为，肤浅的读者会借此要求作家们闭口不谈真正的批评家的古老起源，虽然象征是恰当的贴切，使用得那么水到渠成、不着痕迹，难以想象一个具有现代品味的读者会忽略它们。材料很多，我姑且只提几条能盖棺定论的——我对此极具信心。

值得注意的是，这些古代的作家虽然在处理这一主题时大摆迷魂阵，但是他们都使用了同样的象征，只是根据各自趣味、才智不同，在故事上做了一些改动。首先，保桑尼亚斯[1]认为，写作技艺的完善完全归功于批评家这一制度；从他下面的描述显然可以推断，他在这里指的只能是真正的批评家。他说，他们是一个喜欢在书中挑出多余和累赘之处的种群，学者们看到后，自觉听从他们的忠告，从

---

1. 保桑尼亚斯（Pausanias），公元2世纪的希腊旅行家、地理学家，《希腊志》的作者。

作品中修剪掉华丽、腐烂、死亡、枯萎和多余的枝节。不过他没有明说,而是机智地隐藏在下面这则寓言中。阿哥斯的瑙普利亚人发现,凡是驴子吃过枝叶的葡萄树都长势喜人、硕果累累,由是学会了修剪葡萄藤之法。希罗多德使用了同样的象征手法,用词几乎一模一样(in terminis),不过说得更直白。他大胆地指责真正的批评家愚昧无知,不怀好意,他直率地告诉我们(我想,再也没有比这说得更明白的了),在利比亚西部有一种长角的驴子。克泰夏斯[1]进一步提到,在印度有同样的动物,又说,别的驴子都没有胆汁,而这种有角的驴子分泌的胆汁极多,使得它们的肉很苦,不能吃。

古代的作家之所以在处理这个主题时只用象征和修辞,原因是对方的势力很大,他们不敢轻攖其锋,那个时代的批评家只要一开口,一个作家军团立即浑身发抖,吓得掉落了手中的笔。因此希罗多

---

1. 参见福提乌斯的摘要(Vide excerpta ex eo apud Photium)。——原注
   福提乌斯(Photius),公元9世纪的君士坦丁堡牧首,著有《群书摘要》(*Bibliotheca*),收录了279部古籍的摘要,原著大多已经散佚,后人赖其书犹可窥其大略,比如这里提到的克泰夏斯与狄奥多洛斯。克泰夏斯(Ctesias)系公元前5世纪的希腊人,曾任波斯宫廷的御医,著有 *Indica* 和 *Persica*,分别描述了印度和波斯的历史地理情况。

德在另一个地方明确地告诉我们，一声驴叫是如何让斯基泰大军惊慌失措、望风而逃的。某些渊博的语文学家据此推断，不列颠作家对真正的批评家如此诚惶诚恐，是从我们的斯基泰祖先那里继承下来的。总之，这种畏惧十分普遍，有些作家在描述他们那个时代真正的批评家时想更自由地表达自己的情感，却被迫放弃使用从前的象征，因为它和原型太像了，无奈之下，只好发明更谨慎、更神秘的表达方式。所以狄奥多洛斯[1]在表达同样的观点时说，在赫利孔山上长着一种植物，谁要是闻到了它的花香就会中毒身亡。卢克莱修叙述了同样的事情：

Est etiam in magnis Heliconis montibus arbos,
Floris odore hominem retro consueta necare.

（第6卷）

上文引过的克泰夏斯要大胆得多。他受到了那

---

1. 狄奥多洛斯（Diodorus Siculus），公元前1世纪的希腊历史学家，《历史集成》的作者。据罗斯和沃利注，狄奥多洛斯系凯尔库斯（Dicaearchus of Messana，亚里士多德的学生，撰写了关于希腊地理的著作）之误。

时候真正的批评家的虐待,所以按捺不住,至少要在身后留下一处复仇的记号。他的意思是那么的显豁,那些否定真批评家悠久历史的人居然会忽略这一点,我感到十分诧异。他假装描述印度的众多异兽,写下这些引人注目的话。他说:"有一种毒蛇没有牙齿,所以不能咬人,但是它一直吐个不停,任何东西只要沾上它的毒液会立即腐烂或腐坏。这些毒蛇通常在出产宝石的山上出没,谁要是喝了它们吐出的毒液,脑筋就从鼻孔中喷出去。"

在古人之中还有一种批评家,虽然与前者同属一类,但是在成熟度上有所不同,他们似乎是新手或年轻学者,然而由于从事的工作不同,人们常常称他们自成一派。这些青年学子经常要做一种练习,那就是去戏院看戏,学习如何找出戏中最糟糕的部分,认真地记录下来,然后把一份合乎情理的报告交给导师。通过像幼狼一样参加小型的狩猎活动,他们能够及时地成长起来,身手更敏捷,身体更强壮,足以应付捕获大型猎物的需要。人们观察到这么一点:无论是在古代人中间,还是在现代人中间,真正的批评家和妓女、市议员有一个共同点——头衔或本性永远不变。白发苍苍的批评家当年一定也曾青涩过，老年的造诣和功底说到底不过是年轻时才华的提高和精进，就好像大麻一样，有些博物学家告诉我们，即使是其种子也能让人窒息。我认为序言的发明（起码它的完善）应该归功于年轻一代的高手，泰伦斯经常充满敬意地以"阴险小人（Malevoli）"的称呼提到他们。

对于学术界而言，真正的批评家的出现绝对是必要的。人类行为就像地米斯托克利及其朋友一样，大路朝天，各走一边[1]。有人会弹琴，有人会让一座小镇变成大城，应该把两者都不会的人赶出这个世界。毋庸置疑，正是为了避免这一惩罚，批评界才宣告诞生，不过，这又给了暗中诋毁他们的人以口实，说什么真正的批评家是一种工匠，只要手头有材料和工具，就能开展业务，和裁缝一样几乎是空手套白狼；还说什么两者使用的工具和具备的技能都极其相似；什么裁缝的废布篓象征着批评家的笔记本，其才学来自于鹅；什么做一名学者需要的才学和成为一个人需要的鹅起码一样多；什么两者的勇气一样多，兵器几乎一样大小。对于这些恶意中

---

1. 有人在宴会上嘲笑地米斯托克利，地米斯托克利说自己虽然不会弹琴，却能使一个小城变得伟大。

伤的言论，可以反驳的地方很多，我可以肯定地说第一条是错的：因为恰恰相反，要摆脱批评家的陪伴，需要的场地比任何人都大，这一点是确凿无疑的。要成为一名真正的乞丐，最富的候选人也要散尽千金。同样，要成为一名真正的批评家，必须付出所有优良品质作为代价。如果买的东西没那么好，这桩买卖也许就不那么上算了。

在充分地证明了批评的悠久历史并描述了其原始状态后，我将审视这一帝国现在的状况，并指出它和古时的自己是多么若合符节。一位作家（他的作品在很多年以前已经全部散佚了）在第5卷第8章中提到批评家时说："他们的著作是学者的镜子。"我是从字面上来理解这句话的，他的意思一定是：任何追求完美的作家必须仔细研读批评家的著作，像照镜子一样纠正自己的作品。谁要是想到古人的镜子是由黄铜制成的，不含水银，可以立即比照真正的现代批评家的两大条件，得出的结论必然是它们从古至今从未改变，过去如此，将来还是如此。黄铜象征着持久，能工巧匠将其擦亮后，表面可以自行反光，不需要水银在背后帮忙。批评家的其他才能都包含在内或者可以从中导出，这里不再细表。

不过，我总结出三条纲领，可以作为区分真正的现代批评家和假冒的骗子的标准，对于从事这一有益而光荣的艺术的杰出心灵大有裨益。

首先，如果批评家的第一反应就是批评的话，那么这种批评一向被视为是最真实、最优越的智力活动，正如捕猎者对拿下第一个目标最有把握，基本上是十拿九稳，除非他们还要等第二个目标。

其次，众所周知，批评家有一种天赋，他们总是围绕在最伟大的作家周围，这纯粹是本能，就像老鼠总是追逐最好的奶酪，黄蜂总是追逐最好的水果。因此，马背上的国王一定是这一行人中最脏的一个，谁把他糟蹋得越厉害，谁就越是得宠。

最后，真正的批评家在读书时就像宴会上的狗，把全副的精神和志趣都集中在客人扔掉的东西上面，骨头越少，叫得越凶。

我想，通过上面这些文字，我已经向我的保护人——真正的现代批评家表达了自己的崇敬之意，对于我过去的沉默、将来可能发表的评论，我都已经赎清了罪愆。但愿在给他们立下这等大功以后，他们会大度而温柔地对待我。抱着这种期望，我继续冒昧地叙述那场已经有了一个愉快开局的冒险。

第四节 桶的故事

我花了很大的力气,把读者带入了一个大革命的时代。我们多次提到的这位博学的兄弟在拥有了一座温暖的房子以后,立即变得自高自大,讲究排场。他的角色、服装和气度已经完全改头换面,有教养的读者如果不能襟怀坦荡地对他略微高看一线,恐怕下次碰到主人公的时候都认不出他来了。

他告诉兄弟们,他要让他们知道,他是老大,因此是父亲唯一的继承人。过了一段时间,他不许他们跟他称兄道弟,要叫他"彼得先生",再往后非得要叫他"彼得神父",有时又称"彼得大人"。他很快开始考虑,他要有一个更好的出身才能维系这样的排场。经过深思熟虑,他终于转行做了策划人和学者,并取得巨大成功。当今许多风行于世的著名发现、工程、机器都完全出自彼得大人之手,我将尽力叙述其荦荦大者,而不严格遵循其出现次序,因为在这一点上我认为学界还没有形成共识。

我希望,在这篇文章译成外文(凭良心说,以我收集材料之辛苦、叙述之忠实、题材之有益于公众,是当之无愧的)后,国外几家研究院(尤其是法国和意大利的研究院)的著名院士,为了人类知识的进步，会欣然接受这些小小的建议。我还要向东方修道院最可敬的神父们通报，我完全是为了他们的缘故才使用了这些最适合转化成任意一种东方语言（尤其是中文）的词句。因此，我一边在写作，一边想着我的劳作带给全世界的巨大利益，衷心充满喜悦。

彼得大人的第一个项目是买下一块大陆[1]，据说是最近在 Terra Australis incognita（未知的南方大地）发现的。他花了很多的便士从发现者（不过有人质疑他们是否真的到过那里）手中买了这块陆地，接着将它分成若干地块，转手卖给几位商人；他们又打算卖到殖民地去，结果在途中全都遇上海难，就这样彼得大人把这块大陆一而再、再而三地卖给了其他客户，都取得了同样的成功。

我要说的第二个项目是对付寄生虫[2]（尤其是脾脏中的）的特效药。病人要连续三晚饭后空腹[3]。上

---

1. 即炼狱。——原注
2. "对付寄生虫（尤其是脾脏中的）的特效药"一语意在讽刺忏悔和赦免，严格遵守彼得的药方，它们会有明显感觉地通过汗液经大脑排出体外。——原注
3. 这里作者嘲笑了天主教的忏悔，只要罪人肯花钱，这不是一件难事。——原注

床后要保持侧卧，累了才允许换另外一侧。两只眼睛要看同一个地方，没有明显的理由绝对不许在两头同时放屁[1]。只要严格遵守医嘱，寄生虫会不知不觉地通过汗液经大脑排出体外。

第三项发明是建立私语室[2]，帮助治疗所有患上忧郁症或者腹绞痛的人，所有的偷听者、医生、接生婆、政客、翻脸的朋友、吟诵的诗人、喜悦或绝望的情人、老鸨、枢密院官员、侍从、食客和小丑，总之，一切内气太盛、有爆炸危险的人。在合适的位置放一个驴头，患者可以方便地把嘴巴对准任意一个耳朵，在一定的距离之内向其靠近，运用一种只对驴耳有效的难以捉摸的能力，立竿见影地获得打嗝、呼气或者呕吐的疗效。

彼得大人另外一个公益项目是设立保险办事处[3]，为烟斗、具有现代热心的烈士、诗集、影子、□□以及河流等提供保险。它们（不是其中的某一

---

1. 还有一头可能是嘴巴。
2. 为偷听者、医生、老鸨、枢密院官员解忧的私语室讽刺了秘密忏悔，接受忏悔的神父被说成是驴头。——原注
3. 我认为这里指的是赎罪券，它的泛滥成灾是宗教改革的导火线。——原注

家）失火后可以得到赔偿。我们的互济会只不过是这一原型的复制品，不过对于承办人和公众而言，它们都居功至伟。

彼得大人还被认为是木偶和西洋景的发明者，它们的巨大好处人所共知，在此就不赘述了。

另一项名扬四海的发现是飞入寻常百姓家的腌菜汁[1]。一般家庭主妇使用腌菜汁，不过是用于保存死肉和某些蔬菜；彼得花了很大的代价和力气，发明了一种腌菜汁，能把房屋、花园、城镇、男人、女人、儿童和家畜保存得像琥珀中的昆虫一样完好无缺。在色香味上面，它和通常用于牛肉、黄油、鲱鱼的腌菜汁（它在这方面也取得极大成功）一般无二，但是它的主要功能还不在此。彼得在放入一定量的平柏灵平柏粉[2]后，从此战无不胜。操作时，要选择良辰吉日，喷洒于其表面。如果要腌制的病人是一幢房子，会万无一失地将所有的蜘蛛、老鼠、

---

1. 即圣水，他称之为"飞入寻常百姓家的腌菜汁"，能把房屋、花园、城镇、男人、女人、儿童和家畜保存得像琥珀中的昆虫一样完好无缺。——原注
2. 平柏灵平柏粉（powder pimperlim-pimp），即"poudre de perlimpinpin"，法语"假药"的意思。

黄鼠狼拒之门外；如果患者是一条狗，它将不受疥癣、疯狂和饥饿之苦。它还会万无一失地保护孩子不生疥癣、虱子和瘌痢头，病人的一切活动，不管是睡觉还是吃饭，都不受影响。

但是，在所有的稀世珍宝之中，彼得最看重一群公牛[1]，它们是保卫金羊毛的那群牛的直系后代，这个品种的牛能保存下来真是大幸。不过，有些假装对此颇有兴趣的人，怀疑这一品种没有完全保持贞洁，因为它们在有些方面退化了，不如其祖先，同时又有一些非常奇怪的特性，是与外国杂交的品种。根据记载，科尔喀斯的公牛[2]有一双铜蹄；但是，不管是由于放牧和奔跑之法不良，还是另有私情，生身父母别有人在，致使血统不纯；不管是祖宗的羸弱损害了生殖能力，还是天长日久不可避免的衰败，原初的属性在罪孽深重的后世渐渐朽化——不管是哪一种原因，可以肯定地说，彼得大

---

1. 教皇诏书上盖的印玺（Bulla）一般是铅制的，非常重要的场合则用金印，印玺的一面是圣彼得和圣保罗的像，另一面是颁发诏书的教皇姓名。渔夫即圣彼得。在英文中，"公牛"和"教皇诏书"是一个词。
2. 伊阿宋在取金羊毛之前制服了科尔喀斯的两头神牛，它们生有铜蹄，鼻孔喷火。

人的公牛的双足被岁月腐蚀成了普通的铅。无论如何，它们这个族系特有的怒吼声保留了下来，同样保留下来的还有从鼻孔往外喷火的本领。不过，许多诋毁它们的人认为这是一种特技，仅与其日常饮食（小爆竹和大爆竹）有关，其实没有表面上看起来那么可怕。不过，它们有两个完全区别于伊阿宋之牛的特点，我只在贺拉斯那里看到同时具备这两点的怪物：

Varias inducere plumas;[1]

以及

Atrum desinit in piscem.[2]

它们有鱼一样的尾巴，有时飞得比任何飞鸟都快。彼得把这些牛用在好几个地方。有时他让它们大声吼叫，吓唬调皮的男孩子，让他们安静下来。

---

1. 意为"插入许多彩色的羽毛"。
2. 意为"变成一条黑鱼"。贺拉斯在《诗艺》开头嘲笑七拼八凑、非驴非马的画作时用到这两句。

有时他差它们去办要事，这一点值得谈谈，也许谨慎的读者觉得难以置信。它们从高贵的祖先——金羊毛的守卫者那里一代代地传承了一种感性欲望（appetitus sensibilis）[1]，仍然十分钟爱黄金。如果彼得派它们去国外，即使只是礼节性地出访，它们也要咆哮、吐口水、打嗝、撒尿、放屁、鼻孔喷火，一直闹个不停，直至扔给它们一点儿黄金才肯罢休，接着pulveris exigui jactu（撒去一小撮尘土），它们会安静得像羔羊一样。总之，无论是主人的计谋或鼓励，还是它们自己爱吃金子，抑或两者兼而有之，可以肯定，它们不过是一种强壮结实、虚张声势的乞丐而已。要是哪里不给它们施舍，它们会让妇女流产，让幼儿痉挛。直到今天，人们还常常把淘气的小妖精叫作牛头丐。后来四邻极为讨厌它们，西北有一些绅士搞到了一批英国正宗的斗牛犬，把它们折磨得死去活来，让它们至今心有余悸。

我还得说说一个彼得大人非常神奇的项目，它显示了他炉火纯青的功力和无远弗届的想象力。每当新门监狱要对某个流氓处以绞刑时，彼得会以一

---

[1] 阿奎那区分了感性的欲望和理性的欲望。

定的价钱卖给他一份赦免令,那个无耻之徒好不容易凑出了这笔钱,交给了这位爵爷,换来一张纸,其格式是这样的:

> 致全体市长、郡长、监狱看守、警察、执行官、绞刑吏等,朕闻某某在尔等手中,将处以极刑。朕命令尔等,无论该犯被判的是谋杀、鸡奸、强奸、渎圣、乱伦、叛国还是渎神罪,见此令立即放其回家。如不照办,尔等将永下地狱。朕衷心地与尔等道别。
>
> > 尔等最谦卑的
> > 人中之人[1],
> > > 彼得皇帝

相信这玩意儿的可怜虫既丢了性命,又丢了金钱。

我希望,后世受命评注这篇苦心孤诣之作的学者们,在处理某些隐晦之处时要十分小心,那些不怎么内行(verè adepti)的人可能会匆忙得出结论,

---

1. 教皇自称是上帝的仆中之仆。

尤其在一些神秘的段落，为了节省行文，某些奥秘叠加在一起，评注时要区分开来。我确信，未来的学人会十分感激我写下了如此可喜、如此有益的暗讽。

我们可以毫不费力地让读者相信，那么多有意义的发现在问世后取得了极大的成功，不过，我所提到的只是其中的沧海一粟；我的目的只是挑出几个最值得大家效法的，或者说最有助于了解发明家才华的范例。所以，如果说在这个时候彼得大人已经十分有钱，这一点儿也没啥好奇怪的。可是，唉，他把自己的脑子折磨得太久太狠，以至于它摇晃起来，为了舒服一点儿转了个身。总之，骄傲、项目和欺诈让可怜的彼得变得精神错乱，孕育出了世间最古怪的念头。他在病入膏肓之际（因骄傲而发狂的人常有此事），自称是万能的上帝，有时是世界之王。我看见他（是我的作家说的）戴着三顶陈旧的高帽子，在脑门子上堆了三层，腰带上挂着一长串钥匙，手拿一根钓鱼竿。遇上谁要跟他握手致意，穿着这身打扮的彼得像一条受过良好训练的西班牙猎狗一样，非常优雅地把自己的脚伸给他们。如果他们拒绝行礼如仪，他就把它抬到他们下巴的高度，狠狠地朝他们的嘴巴踢过去,从此这就被叫作致敬。谁要是特立独行,路过时不恭维他几句,他一口气就把他们的帽子吹翻在地(他的呼吸很重)。与此同时,他的家事也是一团糟,两个兄弟度日维艰,他第一个怪念头是在一个早晨把他们仨的妻子都赶出了家门,并下令到街上去找最先遇到的三位行人代替她们的位置。过了一段时间,他钉死了地窖的门,不许兄弟们沾一滴酒。有一天,彼得在一位市议员家里吃饭,发现对方用其兄弟的方式赞美其牛腰肉。"牛肉,"那位明智的官员说道,"是肉中之王,包含了鹧鸪肉、鹌鹑肉、鹿肉、野鸡肉、干果布丁和蛋奶沙司的精华。"彼得回家后,想把这一教义付诸实践,在没有牛腰肉的情况下,用黑面包取而代之。"面包,"他说,"亲爱的兄弟们,是生命的支柱,包含了牛肉、羊肉、小牛肉、鹿肉、鹧鸪肉、干果布丁和蛋奶沙司的精华,使之更臻完美的是,其中还混合着一定量的水,用酵母祛其粗粝,使之成为有益健康的发酵液,渗入面包之中。"在这一结论的影响下,第二天用餐的时候,黑面包就以市宴的完整规格供奉了上来。"来吧,兄弟们,"彼得说,"吃吧,不要客气。看,多好的羊肉啊。要么等一下,我已经动手了，我来分给你们吧。"话音未落，手拿刀叉、一派斯文的他就切下了两大片面包，在两位弟弟的盘子上各放一片。二弟一时弄不明白彼得大人的用意，于是开始彬彬有礼地探寻其中的奥秘。"大人，"他说，"恕我冒昧，我怀疑这里出了点儿差错。""什么？"彼得说，"你很有趣，说吧，我们听听你脑袋瓜里都装了哪些笑料。""不是玩笑，大人；除非我脑子糊涂了，刚才阁下提到一个有关羊肉的词，我对此衷心充满期待。""怎么，"彼得露出十分惊讶的表情，他说，"我一点儿也听不懂你说什么。"听到这里，三弟插话来打圆场。"大人，"他说，"二哥可能是饿坏了，对阁下许诺给我们吃的羊肉翘首以待。""拜托，"彼得说，"不要跟我兜圈子，你们两个不是疯了，就是玩笑开过了头，如果你们不喜欢你们那一份，我可以重新再切，虽然我认为那已经是最好的前腿肉了。""这么说，大人，"头一个兄弟回答道，"这块一直是前腿肉啰。""拜托，先生，"彼得说，"好好吃你的东西，不要无理取闹，我现在对此并不欣赏。"彼得装出一副严肃的样子，另一个兄弟实在看不下去了。"上帝作证，大人，"他说，"我只能说，就我的双眼所视、手指所触、牙齿所咬、鼻子所闻,这似乎只不过是一块面包而已。"二弟又插话了。"我平生从未见过哪片羊肉这么像一片十二便士的面包。""看看你们,绅士们,"彼得生气地喊道,"为了让你们明白,你们是一对多么盲目、主观、无知、固执的愣头青,我用这么简单的方法来证明好了。上帝作证,它是真正、优质、天然的羊肉,和利德贺街[1]市集上的所有羊肉一样。你们如果不信,愿上帝罚你们永远下地狱。"这样掷地有声的证明封杀了他人辩白的空间,两位不信羊肉说的兄弟迅即掩盖自己的错误。"啊,真是的,"一个兄弟说,"经过周密的考虑……""是啊,"另一个兄弟打断了他,"我现在想通了,大人讲得似乎很有道理。""很好,"彼得说,"服务员,来,给我斟一杯红酒。我敬你们两人一杯。"看到他的怒气这么容易就平息了,两兄弟很高兴,表示自己不敢当,要向爵爷祝酒。"该这样,"彼得说,"只要是合理的要求,我都不会拒绝你们,适量饮酒可以强心提神。你们一人喝一杯,这是真正天然的葡萄汁,不是酒商酿造的那种垃圾货。"说完,他给他俩一人一大片

---

[1]. 伦敦肉市。

面包，要他们喝掉酒，不要忸忸怩怩的，它对身体无害。两兄弟按照在此类棘手场合下的套路，打量了彼得大人半天，又面面相觑了好长一会儿，绞尽脑汁地揣摩了事态可能的走向，最后决定迎合他的观点，以免产生新的争端，因为他现在疯病又发作了，辩论或劝诫只会让他百倍地癫狂。

我之所以明明白白地交代这件很有意义的事情的来龙去脉，是因为它是造成大约同一时间三兄弟那场著名的大决裂的主要原因，后来他们再也没有实现和解。关于这件事情，我将在另外一节中详细交代。

不过，可以确定的是，彼得大人即使在神志清醒的时候，在日常谈话中也非常恶劣，极其固执，过于自信，任何时候都宁愿辩论至死，也不肯承认自己犯过任何错误。此外，他还有一种可恶的本领，在任何场合都能撒弥天大谎，不但发誓自己所说的都是真话，如果听众稍有迟疑，他就诅咒所有的人都下地狱。有一次他发誓说他家里有一头奶牛，一次挤出的奶可以装满三千所教堂，更神奇的是，从不发酸。还有一次，他说他父亲有一个路标，上面的钉子和木头足够打造十六艘大型军舰。有一次谈到中国的马车，它们轻盈得可以在山上航行，"天啊，"彼得说，"这有什么了不起的？上帝作证，我亲眼看到一座石灰石的大房子在大海和陆地上航行了两千德国里格以上，虽然中途有时会停下休息。"他从头到尾一个劲儿地发誓，他生平从未说谎，每说一句话都要说："上帝作证，先生们，我对你们说的都是真话，谁要是不信，让魔鬼永远用火烧他。"

一言以蔽之，彼得变得臭名昭著，街坊四邻纷纷直言他简直就是个恶棍。他的两个兄弟对他的虐待早就忍无可忍，终于决意离他而去。不过，首先他们谦卑地要求得到一份已经不知被搁置了多久的父亲的遗嘱。他非但没有满足这个请求，反而骂他们是婊子养的、无赖、叛徒以及所有他想得起来的骂人的话。不过，有一天，趁他去国外搞项目，两位弟弟设法弄到了一份真本（copia vera），立刻发现他们上了一个大当。他们都是父亲的继承人，地位是平等的，父亲还严令他们，无论搞到了什么东西，都要与兄弟共享。根据遗嘱的精神，他们打开了地窖的大门，取出少量美酒振作精神。在抄录遗嘱时，他们发现了一条反对嫖娼、离婚和分居的禁令，于是抛弃了姘妇，把妻子接了回来。在一片混乱之中，一名来自新门监狱的律师走了进来，希望彼得大人给一个将于明天受绞刑的小偷一份赦免令，两兄弟说他是一个小丑，竟然要一个比其客户更该上绞刑架的家伙出具赦免令。他们揭穿了笔者刚才介绍的格式所包含的所有欺诈手法，并建议他让朋友去向国王讨一份赦免令。就在一片吵嚷嘈杂的革命声中，彼得带着一队龙骑兵回来了，他猜出了在场者的用意，他和他的手下发出了无数不值得在此重复的谩骂和诅咒，用足力气把他们踢出了家门，从此不许他们踏足旧宅半步。

第五节 现代型题外话

我们这些被世人授予现代作家头衔的人，如果所作所为不能造福于人类的公共利益，将永远无法实现名扬后世、永垂不朽的宏誓大愿。啊，宇宙！这是您的秘书——我的大胆冒险

——Quemvis perferre laborem

Suadet, et inducit noctes vigilare serenas.[1]

  为此，我花了一定的时间，费尽千辛万苦，动足了脑筋，把人性大卸八块，阅读了大量十分实用的讲稿，论述那些你中有我、我中有你的部分，直到后来它们产生了强烈的异味，无法继续保存下去。我又花了很大的力气，把所有的骨头按照原来的结构拼了起来，使之保持应有的对称，因此我可以向所有感兴趣的绅士们出示一个完整的骨骸。不过，我还是不要节外生枝，在题外话中插入题外话了；据我所知，有的文人题外话中套题外话，就像盒子套盒子一样。我可以肯定地说，在仔细切开人性之后，我得出了一个十分奇怪、新鲜和重要的发现：人类的公共利益有两种实现方式——教育和娱乐。在上述的阅读过程中（如果我能说动一位朋友偷一本出来，或者说动我的某位崇拜者去强行索要一本，那么，也许人们有一天能看到它们），我进一步证明：鉴于人类如今的性情，娱乐带来的好处要大大超过教育，一方面，爱挑剔、自由散漫、打哈

---

[1] "让我甘心承担大量艰苦的工作，在宁静的夜晚久久不能入睡。"——卢克莱修：《物性论》，第1卷，第141—142行。

欠等疾病四处流行；另一方面，在今日才智与学问的世界帝国中，需要教育的东西似乎寥寥无几。可是，按照一个大时代、大权威的教训，我要在各方面最大限度地实现我的意图，因此这篇神圣的文章巧妙地把实用性和美观性融为一体。

每当我想到，卓越的现代人让古人的萤火之光黯然失色，把他们逐出了上流社会所有的社交场合，以至于我市高雅文化造诣最深的一流才子们，就古人是否存在过这一问题展开了严肃的争论。在这方面，那位了不起的现代人——本特利博士最为有益的艰辛劳作使我们获得很大的满足。一想到这些，我不禁仰天长叹，竟然没有一位著名的现代人把一个包罗万象的系统纳入薄薄一小册中，囊括所有人们将要在人生中认知、信仰、想象和实践的事物。不过，我要承认，若干年前有位巴西岛（O-Brazile）的大哲学家曾经考虑过从事这一事业。他提出了一种奇妙的药方，在他英年早逝后，我从其遗墨中找到这剂灵丹妙药，出于对现代学人的热爱，我在此将其公开，我毫不怀疑，有朝一日它会激励仁人志士去承担这一使命。

取一部牛皮精装、背面有字的善本，任何现代艺术与科学作品均可，不拘使用何种语言。在双层蒸锅（balneo Mariæ）中蒸馏，注入从药剂师处取得的适量罂粟汁和三品脱忘川水。仔细清洗污垢与残渣（caput mortuum），蒸发掉所有的挥发物。只保留初馏分，再蒸馏17次，直至剩余物达到约两打兰。把它放在一个密封的小玻璃瓶中保存21天。接着开始写你那放之四海而皆准的论文，每天早晨斋戒时服用三滴这种灵药（首先要摇晃杯子），使劲儿吸入鼻子。它将在14分钟内在大脑四处（只要有空间）膨胀开来，脑海里立刻出现无数的梗概、摘要、纲要、摘录、汇编、精粹、节录、选集等等，全部整整齐齐地排列着，可以还原至纸上。

我必须承认，我才疏学浅，难当此任，正是靠了这一秘方的帮助，才敢硬着头皮大胆一试，除了一个叫作荷马的作家外，从未有人在这方面取得成功，甚至没人尝试过。荷马虽然颇有一点儿才华，在古人中算是有一定天赋的，我还是在他身上发现了许多严重的错误，化成灰也不能原谅他——如果机缘凑巧,还有骨灰留下来的话。我们相信,他计划写一部囊括所有人、神、政治和机械知识在内的百科全书,显然,他完全忽略了一些东西,其余部分也不完整。首先,作为一个被其门徒称为喀巴拉大师的人物,他提到的巨著极其贫乏,似乎只是浮光掠影地阅读了森迪沃奇乌斯、伯麦或者《超凡入圣魔法学》(*Anthroposophia Theomagica*)[1]。他在**火之世界**(*sphæra pyroplastica*)[2]上也犯了很大的错误,这一疏忽是不可弥补的(如果读者允许进行这样严厉的指责的话),vix crederem autorem hunc unquam audivisse ignis vocem(很难相信这位作者听说过火这样东西)。他在某些机械领域内的错误同样突出。在像现代才子通常那样专心致志地读完他的著述后,我居然找不到有关蜡盘结构的半点儿说明,要不是现代人发明了这一相当实用的工具,我们还在黑暗中徘徊呢。不过,我还没有讲一个更臭名昭著的错

---

1. 迈克尔·森迪沃奇乌斯(Michael Sendivogius,1566—1636年),波兰炼金术士。雅各布·伯麦(Jacob Behmen,1575—1625年),德国神秘主义者。亨利·摩尔(Henry More,1614—1687年),英国哲学家,剑桥柏拉图主义者,曾在1650年撰文对沃恩进行过批评。
2. 沃恩使用的术语。

误,一定要因此而向他大兴问罪之师。我指的是,他对于我国的普通法、英格兰教会的教义教规一无所知。因为这一缺陷,我杰出而机智的朋友、神学学士沃顿先生,在他戛戛独造的论古今学术的文章中,对荷马和所有的古人进行了最公正的批评。对此书做出再高的评价都不过分,无论是作者才思的生动流畅,在苍蝇、唾沫主题上的崇高发现的巨大实用价值,还是其磕磕绊绊的雄辩风格。我不禁要在此为他正名,为我草拟此文时从其无与伦比的大作中获得的巨大帮助和大段抄袭而公开致谢。

除了上述的遗漏外,感兴趣的读者还会发现荷马著作中的几处欠缺,不过他不应该为其承担太多的责任。从他的时代以来,每一个知识门类都取得了巨大的进步(尤其是最近三年),他几乎不可能像其支持者鼓吹的那样对于现代发明无一不精。我们慷慨地承认,他是指南针、火药和血液循环的发明者。但是,请其崇拜者指出,他的著作哪里有提到脾脏的地方。难道他不是留给我们去摸索政治赌博的艺术吗?还有哪篇文章比他论茶的长文更错误百出、让人失望呢?至于近来大受推崇的不用水银就能分泌唾液的办法,以我的知识和经验来看很不靠谱。

正是为了弥补这些重大的缺失，我禁不住人们的一再劝说，终于拿起了笔。我敢在此承诺，明智的读者会发现，凡是在日常生活的要紧关头要用到的东西，这里无一或缺。我自信已将所有人类想得出来的东西一网打尽。我特别要向学者们推荐阅读一些他人未曾道过的发现，如《一知半解者的新助手》或《读书少、学问深的艺术》《一个关于老鼠夹的奇妙发明》《理性通则，或人人都是自己的雕刻师》，以及非常有用的捕捉猫头鹰的工具，这里只略举数端，其他的还有许多。所有这些，聪明的读者都会在文中不同段落找到详细的说明。

我认为，我必须尽可能多地彰显我正在写作的这一文稿之美之妙，因为在这个有教养、有学问的时代，它已经成为一流文人大加赞赏的时代风尚，可以纠正吹毛求疵的读者的坏毛病，或者让彬彬有礼的读者茅塞顿开。另外，近日出版了几部名篇，有诗歌，也有散文，如果作者不是出于对公众的大仁大爱，详细介绍了其中蕴含的崇高卓绝之处，我们自己能看出一星半点儿的可能性几乎为零。至于我自己，我不能否认，我在此所说的一切，放在序言中更为合适，更合乎一般的风俗。不过，我觉得更应该牢牢把握自己作为最后一名作家的巨大而光荣的特权。由此，我拥有绝对的理由宣布自己是最新的现代人，而这又给予我支配此前所有作家的专制权。凭着这一头衔给予我的力量，我彻底否定将序言作为书籍目录的恶劣风俗。那些贩卖怪物、奇观的商人，在门口悬挂巨幅的生活照，下面配有极具煽动性的文字说明，一直以来我认为这种做法很欠考虑。这帮我省了很多小钱，因为我的好奇心已经完全得到了满足，不想再进去了，虽然身边有演说家以感人至深、始终如一的辞令一个劲儿地做最后的动员："先生，我向你保证，马上就要开始了。"这正是序言、书信、广告、导论、绪论、参考资料、致读者书如今的命运。这一手段起初是让人称羡的，伟大的德莱顿长期以来将其发挥得淋漓尽致，取得了令人难以置信的成功。他经常在私下里告诉我，要不是他在序言中频频告诉世人，他们永远不会想到他是如此伟大的一名诗人，而现在他们既不可能怀疑，也不可能遗忘这一点。也许事实如此。不过，我很担心，在他的教诲下，人们会在某些方面变得更聪明，而这并不是他的初衷。我们悲哀地看到，我们这个时代的读者如何打着哈欠、不屑一顾地翻阅着四五十页的序言和献词（这是现代的惯常故技），好像里面有许多拉丁文似的。另一方面，必须承认，许多人不读书就当批评家和文人了。我认为，所有当代的读者都恰当地分属这两大阵营。我自己属于前一种，所以喜欢大书特书拙作之美，展现自己文章的亮点。我认为最好在作品正文中做这件事，照目前的情况，此举将大大增加文章的篇幅，一位技艺娴熟的作家无论如何不会错过这一机会。

为了向最新作家的惯例致以应有的敬意与感谢，不知不觉间已离题万里，无缘无故地对世人进行了纠弹，花了很大力气，用了许多心思，把自己的长处、他人的短处暴露于天日之下，还自己一个公道，给他人一个公平，现在我很乐于言归正传，以满足读者和作者无穷无尽的需要。

第六节 桶的故事

上文说到两兄弟和彼得大人公开决裂，两人被永远逐出家园，从此开始在一个冷冰冰的、举目无亲的广阔世界中漂泊。这使之成为仁慈的作家笔下合适的题材,在一场伟大的旅程中,悲惨的境遇永远能收获最美的果实。世人可从中分辨出一名胸怀宽广的作家与一个普通朋友在人格禀赋上的不同。后者在富贵时形影不离,在落魄时倏忽远逝。胸怀宽广的作家则恰恰相反,他常常在粪堆中发掘主角,一步步地将其捧上帝王宝座,然后突然引退,甚至连一声感谢都不听。我正是效仿这一先例,把彼得大人放在一个高贵的屋子里,给他一个头衔,给他钱花。我让他在那里先待上一段时间,在仁爱之心的驱使下,转过身来帮助处于最低潮的他的两位兄弟。不过,我无论如何也不会忘记自己作为一名历史学家的身份,一步步地紧随真相的脚步,不管发生了什么事情,无论它将我带向何方。

共同的命运和利益把两位流放者紧紧团结在一起,他们选了一个房子共同住下,安顿好以后,立即开始反思以前生活中无数的不幸和痛苦,一时说不上来自己错在哪里。他们左思右想,想到了自己幸运地找回来的父亲遗嘱的抄本。他们立刻将其取出,并通过决议,把所有错误的地方一律拨乱反正,以后一切行动都要严格遵循遗嘱执行。遗嘱主要部分包含了某些令人赞叹不止的关于外衣穿着的规定

（读者对此想必还记忆深刻），两兄弟一边阅读，一边一句句地将教义与实践进行对比，两者差异之大不啻天壤，重大逾规之处比比皆是。他们两人毫不迟疑地做出决定，立即全部按照父亲的规范行事。

不过，这里要打断一下性急的读者，他们总是不等作者安排好，就迫不及待地要看历险的结局。我要记录的是，在这期间两兄弟有了自己的名字。一个要别人叫他马丁，另一个给自己起名杰克。在哥哥彼得的专制统治下，兄弟两人相亲相爱，亲密无间，这是难友们的特点。落难的人就像是置身于黑暗之中，所有的颜色对他们来说都是一样的。但是在他们重见天日、出现在对方面前时，他们的气色就显得截然不同了，目前的情况就给了他们机会突然发现这一现象。

但是，严厉的读者在这里可能会指责我健忘，这一批评颇有道理，一位真正的现代人难免要犯一点儿健忘的毛病。因为记忆是把心灵投注于过去的事物，我们这个辉煌年代的学者没有运用这一能力的机会，他们一心扑在发明上，一切都靠自力更生，要不然，最起码也是互相撞击的结果。鉴于这一点，我们认为完全应该把我们的健忘症作为我们才气纵横的一个无可辩驳的理由。我应该在五十页前告诉读者，彼得大人灌输给兄弟们一个爱好：外面流行什么装饰，就在外衣上戴什么，等到不流行了，也不脱下来，而是都留着。随着时间的流逝，变成了你能想到的最滑稽可笑的大杂烩。等到它们脱落的时候，原来的外衣连一根线都找不到了，剩下的是无穷无尽的花边、丝带、流苏、刺绣、尖包头系带（我只是指包银的，因为其余部分都掉光了）。这个事情已经被他们恰当地遗忘了，在命运的安排下，当兄弟俩打算把衣服改回遗嘱规定的原始状态时，又很适宜地在这里冒了出来。

他们一致开始从事这一艰巨的工作，一会儿看看衣服，一会儿看看遗嘱。马丁第一个下手，他猛地一拉，扯下一大把尖包头系带，接着又用力一拽，拉下来上百码流苏。干完这些以后，他迟疑了一会儿。他很清楚，要做的事情还有很多，在烧完第一把火之后，他开始恢复冷静，决心有节制地从事余下的工作。他刚才在拉扯包银的尖包头系带（上文已经说过这一点）时，险些扯出一条大裂缝，聪明的工匠缝了两层才维系其于不坠。他决定除去衣服上大量的金边，于是非常小心地拔下针脚，认真地拾掇松散的线头,事实证明这项工作很耗时间。接着他又着手除去印第安男人、妇女和儿童的刺绣,正如你们在相关的地方读到的那样,这在父亲的遗嘱中是受到严格禁止的。在灵巧的双手专心致志的打理之下,过了一段时间,这些东西基本被根除或彻底被破坏了。至于其余的地方,他发现刺绣紧挨在一起,要对它们下手势必要对衣服造成破坏,而且随着工匠们一直不停地改来改去,外衣的面积大为缩水,刺绣相应地起到遮掩或弥补缺陷的作用。有鉴于此,他认为最好的办法是一仍其旧,决计不让实体受到破坏,他觉得这才符合父亲遗嘱的原意。对于马丁在这场大革命中的所作所为,我搜集到的材料就这么多了。

但是,他的兄弟杰克在处理此事时抱着截然不同的想法,他的特殊经历将占据下文的主要篇幅。彼得大人的伤害给他留下了深刻的记忆,并转化成一定程度的憎恶与怨恨,这对他的刺激要远远超过父亲的遗命,相较于前者,后者是次要的、从属性的。他搜索枯肠,为这种复杂的情绪想出了一个言之成理的名字,给予它"热心"的光荣称号,这也许是所有语言中最重要的一个词。我想,我已经在我出色的分析性论文中充分地证明了这一点,我在该文中对热心做了历史学-神学-物理学-逻辑学的叙述,描绘了它是如何首先从一个概念变成词语,接着又在一个炎热的夏季成熟,变成有形的实体。该书含三巨册,对开本,计划于近期以预订这一现代的形式出版,毫无疑问,对我的能力已有深切体验的贵族绅士将给予我全力的支持。

我要记录的是,杰克浑身洋溢着这种不可思议的混合物,一想起彼得的暴政就气愤难平,马丁的半途而废更是火上浇油,为此他开门见山地表了决心。"什么!"他说,"对于一个把美酒上锁,把我们的妻子赶走,把我们的财产骗光,把该死的面包片当羊肉塞给我们,最后还把我们踢出家门的混蛋,我们还要按照他的方式得梅毒吗?还有,一个街坊四邻都大声斥骂的混蛋。"他就这样点燃了心中的怒火,带着复杂的情绪着手启动改革,他立即投入工作,在三分钟的时间内做的事情比马丁在三小时内做得还多。有教养的读者,要知道,热心在伤心难过的时候最肯卖力气,杰克沉溺在这种感情之中,热心到无以复加的地步。他在剥金花边时有点儿急于求成,结果把衣服从上往下拉了个大口子。以他的才能，做针线活并不是最合适，又没有别的办法，只好用包装线和针缝好。但是，他在处理刺绣的时候，情况之糟就不知伊于胡底了（行文至此，我不禁潸然泪下），他天性笨手笨脚，又是个急性子，看到无数需要最灵巧的双手、最稳重的性格才能解开的针线，一气之下把衣服全部扯了下来，扔进了下水道；接着继续这样粗暴地行动，"啊！马丁，我的好兄弟，"他说，"看在上帝的面上，像我这样，脱、撕、拉、扯，把一切都剥光，和彼得这个混蛋越不一样越好。我不想留下蛛丝马迹，让邻居怀疑我和这个无赖有牵连，给我一百镑我也不干。"可是，此时的马丁镇定自若，他出于友爱，劝杰克无论如何不要损坏外衣，因为再也找不到第二件这样的衣服了。他希望他能明白，他们不是根据对彼得的好恶来决定自己的行动，而是遵守父亲遗嘱的规定。要记住，不管彼得犯了什么错误，造成了多大的伤害，他仍然是他们的兄弟，因此，无论如何他们要避免不分好歹地为了反对而反对。诚然，他们的父亲在遗言中对于外衣的穿着一点儿也不含糊，可是，他也同样严格地要求他们保持和谐、友爱和手足之情。因此，如果可以破例做出让步的话，一定是选择增加团结，而不是扩大矛盾。

马丁保持着起初的那份严肃，毫无疑问，他原本可以发表一篇精彩的道德演说，对于让读者获得身体和心灵的双重休息（伦理学真正的最终目的）一定大有裨益，但是杰克已经忍无可忍。在经院哲学的辩论中，最能激怒反方的莫过于答辩人摆出一副学者派头，故作镇静。辩论者在很大程度上就像是一面倒的天平，一方的重量提升了另一方的轻盈，使之翘到秤杆之上。这里也发生了同样的事情，马丁论证的分量抬高了杰克的轻浮，使其大动肝火，对兄弟的节制反唇相讥。总之，马丁的耐心让杰克大发雷霆，不过，最让他生气的，还是看到马丁的外衣处于完好的状态，而他自己的已经完全裂开，露出了衬衫，那些侥幸躲过他毒手的地方还保持着彼得的旧貌。他看起来就像是喝得酩酊大醉的花花公子，被流氓抢了一半东西；又像是新门的一位新房客拒绝交保护费后的情景；又像是在商店里行窃的扒手被捉住后，听凭交易所的女店主[1]发落；又像是一个妓女穿着陈旧的天鹅绒裙子，落入了暴徒的

---

[1]. 在伦敦的皇家交易所附近，分布着多家由女人经营的店铺。

世俗之手。不幸的杰克穿着破布、花边、裂缝和流苏的大杂烩，就像是上述的一种或全部情形。他十分乐于看到自己的外衣和马丁的一样，更乐于看到马丁处于和他一样的窘境。不过，由于这两者都不大可能成为现实，他觉得要别开生面，把必要包装成美德。他绞尽脑汁，用尽了狐狸[1]的论据，要让马丁恢复理智——这是他的叫法，或者照他的意思，要像他这样衣衫褴褛、破破烂烂。他发现自己讲了半天完全无济于事，孤零零的杰克还能干什么呢，只好千百次地对自己的兄弟破口大骂。他怒火满腹，怨气郁结，举止疯疯癫癫，说话前言不搭后语。简单地说，两人产生了不可弥补的裂痕。杰克立即搬出去住，几天后传来消息，言之凿凿地说他已经发疯了。过了一段时间，他在国外现身，沉溺于一个疯子所能想到的最荒诞不经的胡思乱想，从而证实了传言之准确。

街上的小孩开始叫他另外几个名字。他们有时候叫他秃头杰克[2]，有时候叫他提着灯笼的杰克[3]，

---

1. 典出《伊索寓言》，一只掉了尾巴的狐狸劝同类都割去自己的尾巴，这样大家都扯平了。
2. 加尔文在拉丁文中是calvus，意思是"光头"。
3. 依贵格会教义，人人心中都有神圣之光。

有时候是荷兰杰克,有时是法国休[1],有时是乞丐汤姆[2],有时是北方的敲击杰克[3]。正是以其中的一个或一些或全部称号(请博学的读者裁断),他创立了最卓越、最流行的埃俄利亚派,这一派别至今仍然承认声誉卓著的杰克是他们的创始人和缔造者,并举行隆重纪念仪式。接下来我将非常具体地叙述其起源和原则,以飨世人。

——Mellæo contingens cuncta lepore.[4]

第七节 赞颂题外话的题外话

有时候,我听到人们简要地(in a nutshell)介绍《伊利亚特》,不过,幸运的是,更多的时候我在《伊利亚特》中看见一个果壳(a nutshell)。无疑,人类生活从它们那里受惠良多,但是,在两者

---

1. 胡格诺派(Huguenots)即法国的加尔文派,故称之为"法国休"(French Hugh)。
2. 即著名的海上乞丐。
3. 此处拿诺克斯(Knox)的谐音做文章。
4. "用缪斯的魅力感染一切"。——卢克莱修:《物性论》,第1卷,第934行。Mellæo的原文为Musæo。

之中，哪一个对世人的贡献更大，我把这个问题留给感兴趣的人去探究，他们值得为此倾尽全力。关于后者的发明，我认为学术界主要受惠于现代人在题外话上取得的巨大进步。目前我国的学术和饮食事业齐头并进，比翼齐飞（近日有美食家烹制出包含汤、什锦、重汁肉丁、浓味蔬菜炖肉片在内的各种杂烩）。

诚然，有一种性格乖僻、尖酸刻薄、没有教养的人，假装对这些高雅的发明毫无兴趣。他们承认它和饮食确有相似之处，但是他们狂妄地宣称，这一例子表明了品位的败坏和退化。他们对我们说，最初是为了适应腐化的口味和狂热的体质，才引入了把五十种不同的东西羼合成一道菜的风尚。谁要是在什锦里搜索鹅头、野鸭头和山鹬头，就说明他没有胃口消化更坚固的食物。他们还宣称，书中的题外话就像是境内的外国军队，证明这个国家没有心脏和双手，他们经常欺凌当地人，把他们赶到最贫瘠的角落里。

在这些傲慢的监察官提出所有可能的反对意见后，如果骗人家来写书，又束缚人家的手脚，无关的话一概不准说，那么显然，作家圈很快将缩小到一个微不足道的规模。众所周知,我们和希腊人、罗马人面临同样的问题,那时的学术尚处于摇篮期,需要发明的抚育滋养,给它们吃,给它们穿。给定一个具体的主题,人们轻而易举地能写出一卷又一卷的书籍,除了有助于澄清主旨的适度远游以外,绝不游离于主题之外。但是,知识就像是驻扎在一个富饶土地上的一支军队,靠驻地出产的粮食可以维持几天,等粮草消耗一空后,就要派人到远处去征集粮草了,无论那里是友是敌。同时,附近的田壤在惨遭践踏蹂躏后变得荒芜干涸,烟尘蔽日,无力提供给养。

我们和古人身处的环境发生了翻天覆地的变化,现代人聪明地意识到了这一点,我们这个时代的人想出了一种快捷而机智的办法,无须劳神费力地读书思考,即可摇身一变,成为学者文人。当前,书籍有两种极高明的使用方式:第一种是像对待贵族老爷那样对它们毕恭毕敬,把它们的名号记得烂熟,然后吹嘘自己认识它们;第二种,也是更明智、更深刻、更文雅的方式是,将索引融会贯通,借助索引拎起和玩转全书,就像鱼尾之于鱼身。因为,从正门进入学术宫殿,很费时间,礼数烦琐,时间紧张、不讲礼数的人宁愿从后门进去。因为，人文学术在飞速地进步，从后面发起进攻较容易征服它们。因此，医生在检查患者身体状况时，只看屁股里出来的东西。因此，人们为了获得知识，把聪明才智倾注于书籍的后部，就像男孩们为了捉麻雀，把盐撒在它们的尾巴上。因此，智者提出的保持晚节的法则对人生的理解最为深刻[1]。因此，科学就像赫拉克勒斯的牛一样，是自后向前追根溯源的[2]。因此，旧科学是从基础开始崩溃的，就像旧袜子是从脚底开始拆开的一样。

除此之外，科学的军队近来军纪严明，队形十分密集，因此可以迅速地检阅或者集合全军。这一桩大功德完全归功于系统和摘要，现代学术诸父像明智的放高利贷者一样，为了让子孙后代获得安逸，在这上面抛洒汗水。因为劳动是懒散的种子，只有我们这个高贵的时代才有幸收获其果实。

变聪明、变博学、变崇高的方法现在已经成为一项日常工作，各项制度已臻完备，作家的人数当

---

[1]. 梭伦对吕底亚王克洛伊索斯的忠告。
[2]. 卡库斯趁赫拉克勒斯睡着的时候偷走了他的牛。为了不留痕迹，卡库斯拽着它们的尾巴，倒退着回到洞里。

然随之增长，于是不可避免地相互产生持续的干扰。此外，据计算，自然界现在残余的新材料不足以支撑就任一主题写一卷书。我这是从一位技艺高超的计算师那里听来的，他按照算术法则向我展示了完整的证明过程。

那些主张物质无限的人也许会反对这一点，他们不承认任何一种物质有穷尽。为了反驳他们，我们不妨看看当代栽培的现代才智和发明之树上最高贵的枝条，在这根树枝上结的果实最多最美。尽管古人留给了我们一些，但是我分明记得，它们都已经过翻译或编辑，转入现代的体系之中。因此我们可以光荣地断言，在某种程度上它是由同一拨人发明和完善的。我的意思是，现代的才子们具有一种让人拍案叫绝的天赋，能根据两性的外阴及其恰当用途，推导出非常令人吃惊、赏心悦目、恰如其分的相似之处、弦外之音和言外之意。说真的，当我看到，除了这几个渠道以外，罕有发明流行开来，有时候我会冒出这么一个念头：古人对印度侏儒[1]——其身高不超过两英寸，sed quorum pudenda

---

1. 此为福提乌斯引用的克泰夏斯著作片段。

crassa, et ad talos usque pertingentia（然而其生殖器十分粗大，垂及足踝）——的象征描述预言了今生今世幸运的天才们。我现在急于看到最能体现其美妙之处的近作。尽管血管在大量流血，人们还是使尽全身解数，用力把它吹大、吹长，使其保持敞开，正如斯基泰人有一种风俗和工具，可以把母马的阴部吹大，让它们产出更多的奶；不过我担心它会干涸，造成无法恢复的损失，要么，如果可能的话，找到新的才智源泉，要么，我们必须乐于在此处（以及其余各处）接受重复。

毋庸置疑，我们现代才子不能指望永远有无穷无尽的题材供应。在这种情况下，除了大型的索引和短小的摘要外，我们还能求助于谁呢？要大量收集引文，按照字母顺序排列。虽然不必为此专门向作家们讨教，但是批评家、评注家和辞典是一定要请教的。但是，首先要细细地评说这些目光敏锐的收藏亮点、精粹、评论的人们——他们有学术筛子之称；不过，他们是在筛选珠宝还是粮食——与此相应，我们更应该重视被他们选中的东西，还是被他们淘汰的东西——这都是悬而未决的问题。

正是靠着这种办法，在短短几周之内，涌现出许许多多能够驾驭最博大精深的主题的作家。只要笔记本上摘抄满了材料，头脑空空又有何妨？如果你要限制他所使用的方法、风格、语法和虚构，别的他什么都可以不要，只要给他抄袭的基本人权，允许他随意枝蔓，他就可以完成一篇文章，亭亭玉立地站在书商的书架上，在那里干干净净地永远待下去；书名的纹章刻在标签上，起到装饰的作用，既不会有学生来翻阅，用油污的双手将其玷污，也不会用锁链拴住，永远沉沦于图书馆的无边黑暗之中，而是等到时机成熟，高高兴兴地去炼狱经受考验，然后升上天堂。

要是没有这些方便法门，我们这些现代才子搜集的编排成无数不同条目的材料哪里还有什么用武之地？而没有了它们，学界就丧失了无穷的乐趣和教益，而我们也就无可弥补地湮没无闻了。

由于这些因素的存在，我活着看到了作家协会胜过行会中所有友会的这一天。这和其他的种种福祉都是由斯基泰祖先传给我们的，他们的笔一眼望不到边，希腊文人无法形容其数量之多，只能说在极北地带的空气中充斥着羽毛，人们几乎寸步难行。

这一段题外话的重要性足以为其长度提供理由，

而且我已经尽力选择最合适的地方来安置它。如果明智的读者能给它指定一个更合适的位置,我授权他随意将其移动到任何角落。就此打住,让我赶快言归正传,处理更加重要的事情。

第八节 桶的故事

博学的埃俄利亚人坚持认为,万物的本原是风,宇宙是根据这一原理产生的,其最终归宿必然是化风而去。那点燃并吹旺了自然之火的一口气,终有一天会将其吹灭。

> Quod procul à nobis flectat Fortuna gubernans.[1]

术士们正是这样理解他们的世界精神(anima mundi)[2]的,也就是说世界的精神、呼吸或者风。用自然界的一草一木来检验,你会发现整个体系

---

1. 但愿统治万物的命运让我们避开它。
2. 托马斯·沃恩的术语,它将天体的影响传导至人类。

无可辩驳。不管你把人的塑造形式的形式（forma informans）叫作spiritus、animus、afflatus还是anima，都是风的不同叫法而已，而风是所有复合物的主要元素，它们在朽坏后都将分解为风。此外，生命本身不就是人们常说的生气吗？博物学家非常正确地观察到：在某些无名的神秘事物中，风仍然发挥重要作用，并由此衍生出臃肿（turgidus）和膨胀（inflatus）的绝妙称呼，可以运用到排泄或接受器官。

依据我搜集的古代记载，他们有三十二条教义，这里就不一一赘述了。不过，由此推导出的几条最重要的规律，无论如何不能略过不表。其中下面这条准则很有分量：因为风是所有混合物的主要成分，起主导作用，这一原基（primordium）越多，该存在物也就越优秀，所以人是最完美的造物；哲学家们慷慨地赠予他三种不同形式的灵魂[1]或风，贤明的埃俄利亚人又大度地增加了第四种（它与其他三种同样必不可少，同样增光添彩），凭着这第四元素（quartum principium），包举宇内，囊括四海。密

---

[1]. 亚里士多德认为，灵魂具有营养、感觉和思维等功能。

宗名家庞巴斯图斯闻风而动，把人体放在距四基点[1]适中的位置上。

因此，他们的第二个原则是：人来到这个世界的时候带了一点儿风，它是从其他四种元素中提取的，也许可以称之为第五元素（quinta essentia）。第五元素普遍运用于人生的所有非常时刻，它可以进一步发展成为所有的艺术和科学，通过某种教育方式踵事增华，发扬光大。一旦达到了完美的境界，一定不要贪婪地把它封闭起来，不见天日，也不要韬光养晦，藏而不露，而要大度地让其流布世间。基于以上这些原因，也因为另外一些同样有分量的原因，睿智的埃俄利亚人断言，打嗝是理性生物最高贵的活动。为了学习这一技艺，使之更好地为人类服务，他们采用了几种方法。在某些季节里，你会看到大批的教士迎着暴风雨张大嘴巴。另外一些时候，几百号人围成一个圆圈，人手一对风箱，对准邻居的臀部，吹成酒桶的形状和大小，因为这个缘故，他们常常恰如其分地称自己的身躯为容器。通过诸如此类的表演，他们体内气息沛然，几欲乘

---

[1] 罗盘上东、南、西、北四个方位。据说，人体因为是由四种元素组成的，和罗盘的四个方位正好对应。

风归去，为了造福公众，把自己丰富的学识倾注到弟子的口中。值得注意的是：他们认为，所有的学问都来自同一个原则。因为，首先，人们一般断言或者承认，学问使人膨胀；其次，他们通过以下的三段论来证明之："语言不过是风，学问不过是语言，因此，学问不过是风。"为此，该派的哲学家在学校里通过打嗝向学生传授他们的学说和观点，他们讲起这些东西来可是辩才无碍，其花样之多令人瞠目。该派的大哲人的主要标志是：脸上挂着某种表情，明白无误地透露出精神在体内翻江倒海的程度。先是腹内一阵疼痛，风和气体喷薄而出，翻来滚去，把人体的小宇宙搅得地动山摇，嘴巴变形，面颊膨胀，眼睛形成一幅可怕的浮雕。在这个节骨眼上，他们的嗝都被奉若神明，越酸越好，瘦弱的信徒们带着无限的满足将其一咽而下。为了让一切更加圆满，由于人的生命取决于鼻孔，所以最精华、最发人深省、最充满生机的嗝非常明智地通过这一通道传输，并在通过时沾染了这里的气息[1]。

他们崇拜四种风，视其为弥漫在宇宙之中的

---

[1]. 斯威夫特经常讽刺当时的布道者喜欢用鼻音。

精神，赋予宇宙生机活力，是所有的灵感的唯一源头。其中为首的是万能的北风，他们用崇拜上帝那样的方式崇拜他。这是一种古代的神明，希腊麦加罗波利斯的居民也用最高的规格尊敬他。Omnium deorum Boream maxime celebrant（他们对北风的崇拜超过其他任何神明）。这个神虽然无处不在，但是渊博的埃俄利亚人推测他住在一个特别的地方，用文雅的话说是最高天（cœlum empyrœum），他在那里如鱼得水。这个地方位于古希腊人熟悉的一个区域，他们称之为 Σκοτία[1]，或曰黑暗之地。虽然在这方面还有很多争议，但是可以肯定的是，最有教养的埃俄利亚人在给自己起名时借鉴了一个同名的地方。从此以后，在每一个时代都有热心的教士亲手从某些气囊的源头取来精选的灵感，在各国的信徒中爆裂开来，他们过去、现在、未来都天天急切地呼吸着其中的气体。

他们是用这种方式来举行其神秘仪式的。学者们都知道，古代的能工巧匠发明了一种用木桶搬运和保存风的办法，在远渡重洋时发挥了重要作用。

---

1. 希腊语，黑暗；拼作"Scotia"，即苏格兰。

这一技艺的失传是良可哀叹的,我不知道潘西罗利[1]是怎样疏忽大意地遗漏了它的。这一发明被归于埃俄罗斯[2]名下,该派的名称即来源于他。为纪念这位创始人,直到今天他们还保留了大量的木桶,每座神庙放置一个,把顶部敲掉。在重大的节日里,教士钻进桶内,之前已经用上述的方式做好了准备,一个秘密的漏斗从其臀部直通到木桶底部,在北方的裂缝处接受新的灵感。他在那里立即膨胀到容器的形状和大小。底下的精神让他发话,他经历了极大的痛苦,才得以ex adytis and penetralibus(从神庙的后堂)发出了声音,他就以这样的姿势把所有的狂风暴雨注入听众的耳中。冲进来的风掠过他的脸庞,就像掠过海面上一样,海水先是变黑,接着泛起涟漪,最后涌起泡沫。神圣的埃俄利亚人就以这样的姿态把玄妙的嘱发送给气喘吁吁的门徒,他们有的张着嘴凝视着那神圣的呼吸,露出贪婪的神色;有的唱着赞美风的颂歌,一边低声哼唱,一边

---

1. 潘西罗利(Guido Pancirolli,1523—1599年)写了一部两卷本的《众多遗失了的不朽之物的历史》,第1卷记述古代人的发明,第2卷记述现代人的发明。
2. 古希腊的风神。

轻轻摇摆，代表抚平了其神祇的轻风。

正是根据教士的这一风俗，有些作者认为埃俄利亚人非常古老，因为他们传授密教的方式（正如我方才提到的那样）和古代的神谕（其灵感来自某种秘密的臭气）恰好一模一样，教士接受时同样痛苦不堪，对人民造成同样的影响。它们常常是由女性官员来管理和指挥的，其器官更适宜容纳这些玄奥之风，它们进入和穿越一个更大的容器，途中引起了色欲，经过恰当的处理后，从肉体的极乐上升到精神的极乐。为了进一步证明这一含义深刻的猜想，人们进一步指出，在某些高雅的现代埃俄利亚学院中，仍然保留了这一使用女祭司的风俗，并允许她们通过上述的容器接受灵感，就像她们的祖先——古代的女预言家一样。

人在驾驭思绪的时候，精神从不停歇，它在高与低、善与恶的两极自然地穿行。想象力第一次的飞驰通常会带来最完美、最精彩、最崇高的理念，直至飞出自己的极限和视线，由于不懂得高度和深度的边界紧紧相邻，结果沿着同样的路线，张着同样的翅膀，坠落至事物最低的底部，就像一名从东方去西方的旅客，又像是一条直线化成一个圆。人性中是否有恶的成分，让我们乐于给每一个闪亮的理念提供一个反面；抑或是理性在沉思万物时，像阳光一样只照亮地球的一半，让另一半陷入不可避免的阴影和黑暗之中；又或是想象力在飞升到最高、最美的境界后，已经是强弩之末，精疲力竭，突然间掉头向下，坠落在地，就像一只死亡的天堂鸟。或许，以上这些形而上学的猜想，并没有和真正的原因完全擦肩而过。以下这个经历多次考验的论点是完全正确的：因为最不开化的人们在用这样或者那样的方式取得进步，拥有了神明或最高权力的概念后，他们常常为其恐惧提供若干恐怖的概念，它们差强人意地代替了魔鬼。这一举动似乎是十分自然的，因为想象力在和身体一样被抬高到同一高度后，人们一方面为近距离地仰望上方感到欣喜，另一方面下方深渊的可怕景象也让他们胆战心惊。因此人类在选择魔鬼的时候，通常会挑选无论在行动还是在外观上都和他们创造的神明最格格不入的存在。埃俄利亚人对于两种恶势力又怕又恨，它们和他们崇拜的神明永远誓不两立。一个是发誓与灵感为敌的变色龙，它轻蔑地吞没了神明的作用力，连打嗝时送出的微风都恕不奉还。另一个是一种叫作风车（Moulinavent）的巨型怪兽，它张开四只强壮的臂膀，与所有的神明永无休止地进行战斗，灵巧地躲闪他们的进攻，加倍地奉还他们。

著名的埃俄利亚人就这样配备了神明与魔鬼，成为当今世界一大卓有声誉的派别。毫无疑问，文雅的拉普兰人是其中最纯正的一个分支，如果我在此略过不表，无论如何是说不过去的，因为他们在利益和志趣上都和他们的埃俄利亚兄弟亦步亦趋，不但从同样的商人那里批发来了风，而且以同样的价格和方式，卖给与其非常相似的顾客。

这一体系是全部由杰克编纂的，还是像某些作家认为的那样，是从德尔菲（Delphos[1]）的原本复制来的，并根据时间和环境的变化做了某些补充和修改，对此我不能下绝对的结论。我所能确定的只是：杰克起码扭转了这一体系的方向，使之呈现出我所推断的这种面貌。

我长期以来一直在寻找这样的机会，为一群我特别尊敬的人讨回公道，他们的对手——他们不是心肠恶毒，就是愚昧无知——对他们的意见和实践

---

1. 坦普尔的错误拼法，并因此受到了本特利的批评。

极尽歪曲和诽谤之能事。我认为，消灭偏见，拨乱反正，让一切大白于天日之下，是人类最伟大的行动之一，因此我凛然担当，除了良知、荣誉和感激之外，于个人进退无所措意。

第九节 关于疯狂在共和国中的起源、用途和完善的离题话

虽然这一著名教派的兴起和创立应归功于像杰克这样的人物——正如我描述的那样，此君的头脑颠倒，大脑震出了原来的位置，我们通常把这种状况称为精神错乱，并将其命名为疯狂——但这对其合理的声誉不会产生任何形式的影响。纵览世界风云变幻，那些在个人影响下产生的最伟大的活动，如征服和建立新帝国、倡导和发展新哲学、发明和推广新宗教，我们发现，由于饮食、教育、某种时代思潮以及空气、气候的特殊影响，其创始人的自然理性都发生了翻天覆地的大变化。此外，人心中有一种独特的东西，偶然置身于特定的环境，与之相刃相靡，虽然外表猥琐平庸，却常常突然着火，酿成生命中绝大的危机。在很多时候，重大的转折

并不是由强大的实力所造就的,而要归功于侥幸的适应和恰当的时机,一旦气体进入了大脑,在何处点火就无关紧要了。因为人的上部就像是空气的中部,虽然材料千差万别,但是最后产生的结果和效果是一样的。薄雾源自大地,沼气源自粪堆,水气源自海洋,烟雾源自火焰,但是所有的云彩在成分和作用上没有什么不同,厕所中散发的臭气和祭坛上散发的香气一样动人,一样有用。我想,行文至此应该没什么争议,由此可推论:正如天空只有在乌云密布、躁动不安时才下雨,人类大脑中的理性,只有靠下部器官的气体上升并弥漫开来,才能浇灌发明,使之开花结果。尽管上文所说的这些气体和天空中的气体来源各不相同,然而其成果只随土壤不同而有种类与程度之别。下面我举两个例子来证明和解释我的观点。

  一位伟大的君主[1]建立了一支强大的军队,在国库中堆积了无数财宝,装备了一支无敌的舰队,而

---

1. 法国的亨利大帝。——原注
  即法国国王亨利四世(Henri IV,1553—1610年),纳瓦尔国王、新教领袖。1589年亨利三世遇刺身亡后,他即位为法国国王,宣布改宗天主教,颁布了《南特赦令》,1610年,被弗朗索瓦·拉瓦莱克刺杀。

且自始至终没有向最显贵的大臣、最亲近的心腹透露半点儿口风。刹那间全世界一片恐慌，邻国的君主胆战心惊，不知风暴将刮向何方，各地的政客纷纷做出深刻的推测。有人认为他打算建立世界帝国；还有人洞若观火地得出结论，原来他计划推翻教皇，大力扶持他过去的信仰——新教；目光更加敏锐的人则派他去亚洲，征服土耳其，收复巴勒斯坦。就在一片计划和筹备声中，一位国医[1]根据这些症状做出诊断，着手开始治疗，一举完成了手术，捅破了肿囊，释放出气体。手术的唯一欠缺是：该君主不幸在手术中死去了。读者特别想知道，这一长期让万国瞩目的气体因何而起。哪种秘密的车轮，何方隐藏的弹簧，能发动这样厉害的引擎？人们后来发现，这一机器是由一位女性遥控的，她的眼睛上长了一个瘤，在其排放气体前，她被转移到了敌国的领土上。在如此棘手的局面下，一位不幸的君主该干什么呢？他尝试了诗人百试不爽的"任何肉体"（corpora quœque）的药方，然而没有效果，因为

---

[1] 拉瓦莱克在马车上行刺亨利大帝。——原注

Idque petit corpus mens unde est saucia amore:

Unde feritur, eo tendit, gestitque coire. Lucr. [1]

在所有的和平行动全部无济于事后，精子集中在一起，点燃并烤干，变成胆汁，沿脊柱上升至脑部，转化为脑浆。同样的原理既然可以驱使恶徒打破抛弃自己的妓女的窗户，自然也可以推动伟大的君主建立强大的军队，心无旁骛地从事包围、战斗和胜利。

[Cunnus]teterrima belli
Causa ——[2]

第二个例子是我在一本很古的古书上读到的，一位伟大的国王[3]在三十多年的时间里，以夺城和

---

1. "身体追求着那个用爱神之箭射中我们心房的对象。受伤者总是渴望与伤他的人结合在一起。"——卢克莱修，第4卷，第1048行、第1055行。
2. [女人]是战争最可怕的起因。——贺拉斯:《讽刺诗集》，第1部第3首，第107行。
3. 这里指路易十四，斯威夫特的同代人，古书上不可能有他的记载。

失地，打败敌人和被敌人打败，将君主们逐出其领土，让孩子们没有饭吃，放火、蹂躏、掠夺、镇压、屠杀人民和异邦人、朋友和敌人、男人和女人为乐。根据记载，各国的哲学家就其自然、伦理和政治的原因展开了争论，以求找到这一现象的根本原因。最终是那激活了主人公大脑的气体或精神，在不停的循环往复中，占据了以提供"zibeta occidentalis"出名的人体区域，聚积成肿瘤，让世界的其余角落在那段时间内实现和平。这些气体在发源时是那么稀少，而集中后又是多么巨大呀。同样的精神上升可以征服一个王国，下降则为肛门（anus），终至瘘管（fistula）。

我们接下来要研究的是创立新哲学体系的伟人们，我们要追根溯源，直至找出在一个凡人的灵魂中，是哪一部分让他动心起意，以极大的热心针对众人一致认为不可知的事物提出新的体系。这种志向源自哪里，这些伟大的创新者之所以门人济济，应归功于何种人性。显然，其中的几位领袖，不论古今，一般都受到了对手的误解。说真的，除了信徒之外，所有人都误以为他们是狂人、精神病。一般来说，他们平时的言行举止与没有教养的凡夫俗子截然不同,他们在当代公认的继承人——疯人院[1]在很大程度上和他们如出一辙。有关这个学院的优点及其原则,我将在合适的地方再做进一步的讨论。伊壁鸠鲁、第欧根尼、阿波罗尼斯、卢克莱修、帕拉塞尔苏斯、笛卡尔等人都在此列,如果他们来到我们这个平凡的时代,被紧紧地束缚住手脚,与其信徒隔离开来,会造成放血、鞭笞、枷锁、暗室和稻草等显而易见的危险。有哪个思维正常的人会觉得自己有能力把全人类的想法统一到自己的尺度上呢?然而这是所有理性王国的创新者第一项谦卑而客气的计划。伊壁鸠鲁有节制地希望,所有的人类意见在经过永无休止的碰撞后——尖的与平的,轻的与重的,圆的与方的——在某一个时刻偶然聚集一处,通过某种偏斜(clinamina[2]),通过原子和虚空的概念统一在一起,正如万物创始时一样。笛卡尔(Cartesius)希望在临死前看到,所有哲学家的观点都被卷入他的旋涡之中,就像笛氏空想体系中的许多小星星一样。我很想知道,如果不借助我总

---

1. 疯人院(Bedlam)与皇家学会相距不远。
2. 卢克莱修的术语,原子在偏离正常轨道后发生碰撞,由此产生世间万物。

结的气体自下部器官上升至大脑,在此一手遮天并升华成概念的现象(在我们贫瘠的母语中,与这一现象相对应的词语只有madness和phrenzy[1]),如何才能解释清楚某些人的此类幻想?下面我们研究这么一个问题:为什么每一位大师及其主张都不乏若干死心塌地的信徒呢?我认为原因很简单,在人类理性的和声中有一根特别的弦,在某些人那里恰好处于同一个调。如果你能灵巧地转到那个调上,在幸运地落到同一个音高的时候轻轻敲击,他们会不由自主地产生秘密的共鸣,在同一时刻奏出音乐。技巧或运气全在这里,如果你碰巧乱拨琴弦,惹恼了那些音高在你之上或之下的人,他们非但不赞同你的学说,还要把你捆绑起来,把你叫作疯子,喂你吃面包和水。因此,识别这一高贵的才能,根据人物和时间的不同进行调整,是一项运用之妙、存乎一心的工作。西塞罗非常了解这一点,他在给一位英国友人的信中,写下了一句名言"Est quod gaudeas te in ista loca venisse, ubi aliquid sapere viderere"(你去那里就得意了,在那儿你就是个文

---

[1]. 这两个词都是"疯狂"的意思。

化人)[1]，提醒他不要上出租马车夫（那时他们似乎和现在一样到处坑蒙拐骗）的当。这里有一帮人把你奉为哲学家，你却到另一帮人中去当傻瓜，说实话，这实在太不成话了。我希望我认识的几位绅士记住这个恰当的讥讽。

是的，这确实是那位杰出的绅士、我最有才华的朋友沃顿先生犯下的致命错误。不管是思想还是相貌，他看上去都注定是一个谋大局、干大事的人。实在没有哪个公共人物在身心两方面上比他更有资格传播新宗教了。唉，如果那些幸运的天才不在空虚的哲学上枉费心机，能够迷途知返，回到梦想和幻觉（在这方面，心灵和表情的扭曲起到了主要的作用）的正确道路上来，那么卑贱龌龊、好论人非的世人就不敢说他的脑子不幸被震过，出了毛病，连他的同行——现代主义者也像忘恩负义者一样大声地窃窃私语，连在阁楼里奋笔疾书的我都听到了。

---

1. Epist. ad Fam. Trebatio。——原注
   西塞罗推荐友人Trebatius Testa随恺撒去不列颠，提醒他不要上那里的御者的当。一个罗马人置身于高卢的文化沙漠，算得上是一位大学者；要是他去不列颠，那么环顾全岛，没有人的学问能比得过他。《致友人书》，vii. 6、vii. 10。

最后，谁要是看一看热心的源泉（每个时代都有宽阔的溪流从这里流出，永不间断），会发现源头和水流一样浑浊。这种被世人称作疯狂的气体只要一点点就能发挥巨大的作用，没有了它，世人不但被剥夺了两种巨大的幸福——征服与体系，而且全人类都将不幸陷入对不可见之物的同一信仰。上文说过一个公设（postulatum），这种气体源自哪里无关紧要，要紧的是它以何种角度敲击理性并蔓延开来，或者上升到大脑的哪个部位。要条分缕析地向一位有教养和好奇心的读者解释清楚，同样的气体怎能造成大脑种种的差别，产生那么不同的后果；同一个起点如何造就了亚历山大大帝、莱顿的杰克和笛卡尔先生的千人千面，这是一件非常棘手的事情。这是我迄今为止处理的最抽象的论点。我为此绞尽了脑汁，使出了浑身解数。现在我着手解开这个死结，恳请读者垂注。

人类有一种……Hic multa desiderantur[1]……我认为这是一个相当清晰的答案。

好不容易闯过这道险关，我相信读者肯定会同

---

1. 意为"此处有大量佚文"。

意我的结论:如果现代人所谓的疯狂,只不过是指在下部器官释放的某种气体的作用下产生的脑震荡,那么,这种疯狂就是所有帝国、哲学和宗教大革命之父。因为大脑在自然的位置上和平静的状态下,使其主人倾向于平平常常过一生,丝毫没有强迫大众服从自己的权力、思想和愿景的念头;他越是按照人类学术的模式塑造自己的理性,就越不会围绕自己的特殊想法开宗立派,因为这让他了解了自己的弱点和老百姓根深蒂固的愚昧无知。但是,随着幻想凌驾于理性之上,想象与感觉剑拔弩张,共识和常识被踢出家门,第一个皈依门下的改宗者就是他自己。等到这一目标实现之后,再争取其他信徒的难度就不大了。幻觉既然可以在内部翻云覆雨,当然也可以在外部一手遮天。因为假话和幻象之于耳目正如发痒之于触觉。我们在生活中最看重的娱乐活动无非是对感官的欺骗和戏弄。考察一般人理解的幸福(它与理性或感觉有关),我们会发现,它所有的属性和修饰都聚集在一个简短的定义下面:幸福是永远陷入被蒙骗的状态。首先,就心智或理性而言,和真相相比,显然虚构具有巨大的优势。理由近在咫尺:想象能制造更高贵的场面,产生更辉煌的革命，而这都是命运或自然所望尘莫及的。人类的选择决定了自己的前途，鉴于这场辩论实际上发生在过去的事物和想象的事物之间，不能对这一选择进行太多的责备。归根到底是这么一个问题：在想象中占有一席之地的事物，难道不是和扎根于记忆之中的事物一样是一种存在吗？公正地说，答案是肯定的，这对于前者十分有利，因为它被认为是万物的源头，而后者不过是坟墓而已。再拿幸福的这一定义与感觉相印证，我们会承认两者若合符节。那些不坐幻觉之车来和我们搭讪的物体是多么枯燥乏味啊！在自然的玻璃杯里，万物缩小得多么厉害呀！若非借助人造工具、虚假灯光、折射角度与油漆金箔，生民之幸福与愉悦将大打折扣。如果世人认真地思考这一问题——我有理由怀疑其可能性不大——他们将不再认为揭露弱点、公开缺陷是一种高级智慧。在我看来，这一工作和在舞台上揭下面具不相上下——我认为，无论是尘世还是在剧场里，后者都没有发挥合理的功用。

轻信是一种比好奇更加平和的心灵状态，浮光掠影的智慧以同样的优势领先于装模作样的哲学，后者深入事物内部，郑重其事地带回来毫无用处的信息和发现。视觉和触觉是最先与万物接触的两种感觉，除了颜色、形状、大小以及所有存在于物体表面或由技艺描绘于物体表面的属性，它们不会考察别的东西。接下来出场的是好管闲事的理性，使用删除、揭示、糟蹋、洞察等工具，证明它们并非表里如一。我认为这是对大自然最大程度的歪曲，把最好的东西放到外面是大自然的一项永恒法则。因此，为了节省日后昂贵的解剖费用，我认为有必要在此提醒读者，理性做出的这些结论当然是正确的，大多数落入我视野范围的有形物质，外表绝对胜过内在，近来的几个实验进一步坚定了我的看法。上周，我看到一名被剥了皮的妇女，难以置信一个人会糟糕到那种地步。昨天，我下令把一个花花公子的尸体当着我的面剥光，没想到在衣服下面有那么多缺陷，我们看得目瞪口呆。接着我又切开了他的脑袋、心脏和脾脏。随着手术一步步深入，缺陷的数量和体积都在增加。由此我正确地得出结论，要是有哪位哲学家或者策划人发明出一种修改和弥补自然缺陷之术，他便是人类的大功臣，这门科学的实用性远远超过现在受人推崇的扩大和暴露缺陷的科学（正如那个认为解剖学是医学最终归宿的人）。谁要是被命运和性格安置在一个便于享受这门高贵技艺成果的位置上，他就可以和伊壁鸠鲁一起，让自己的理念安享从事物的表面飞跃到感官上来的事物的薄膜和影像[1]。这是真正的聪明人，他汲取日月的精华，把渣滓留给哲学和理性去舔食。这种崇高而有教养的幸福就是被蒙骗的状态，那种无赖中的傻瓜所具备的宁静平和的心态。

回头再说疯狂。根据上文推导出来的体系，显然，所有的物种都源自多余的气体。因此，正如某几种疯狂使人精力倍增，还有几种疯狂为大脑增添了活力、生机和精神。在一般情况下，这些活跃的精神控制住大脑后，很像是在废弃的空房子里出没的幽灵们，由于无事可做，要么带着一片砖瓦销声匿迹，要么留在屋里，把砖瓦从窗户往外扔。这里神秘地展示了疯狂的两大分支，有些哲学家不像我考虑得这么周全，对其成因做出了不同于我的错误解释，过于匆忙地把第一种说成是不足，第二种是过剩。

我想，从我这里提出的主张来看，显然，技术

---

[1]. 在卢克莱修看来，我们看到的物体形象其实是从物体表面剥离的薄膜。

上的关键在于让多余的气体有事可做,明智地掌握时机,让它服务于公众最根本、最普遍的利益。一个人选择了一个合适的时机,纵身跃入深渊,从此成为英雄,被称为国家的拯救者[1]。另一个人干了同样的事情,但是不幸没有选好时机,留下了疯子的骂名[2]。我们从如此微妙的差别中学会了尊重和热爱地重复库尔提乌斯的名字,憎恶和藐视地重复恩培多克勒的名字。一般认为,老布鲁图[3]为了公共利益装疯卖傻,不过,这无非是一种长期用错地方的多余气体,拉丁人称之为"ingenium par negotiis"(性格适合工作),或者说(我尽力让我的译文贴近原文)是一种长期无用武之地的疯狂,直到参与政治后才如鱼入水,得其所哉。

鉴于以上的原因,也鉴于虽然不那么吸引人但同样有分量的原因,我很乐意抓住我长期寻找的一

---

1. 传说在公元前362年,罗马的广场上突然露出一个无底的深渊。罗马人占卜后发现,唯一的办法是把自己力量的源泉投进去。一位名叫库尔提乌斯的年轻勇士,全副武装地纵身跳了下去,地面的裂缝随即合上。
2. 传说古希腊哲学家恩培多克勒为了证明自己是神,跳入埃特纳火山口丧命。
3. 罗马共和国的缔造者之一,长期潜伏在暴君的身边,假装是个傻子。

个机会,即建议爱德华·西摩尔爵士、克里斯托弗·马斯格雷夫爵士、约翰·鲍尔斯爵士、约翰·豪先生等爱国人士,采取一项非常高贵的行动,即提议制定法案,委派特派员去疯人院及其周边区域调查,授权他们询问证人,调阅文件和档案,盘查每一位师生的才能和资历,一丝不苟地观察他们的性情举止,准确地识别他们的才具,按头制帽,按照我这里不揣冒昧提出的方法,为一些[教会、]文职和军事机关提供优秀的人才。鉴于我对那个光荣的社团抱着高度的敬意,自己又一度有幸成为其中一名不成器的成员,所以我对于这一重要事务十分关心,希望高雅的读者予以谅解。

有没有一个学生把自己的稻草撕得粉碎,指天发誓,咬着囚笼,口吐白沫,当众倾倒他的夜壶?让尊敬的特派员给他一个团的龙骑兵,派他去弗兰德。另一个是不是一直在说话,唾沫飞溅,张大嘴巴,高声叫喊,一个句号或冠词都不用?这么了不起的天才在这里真是埋没了!立即给他绿包绿纸和三个便士,带他去威斯敏斯特厅。第三个表情严肃地测量着陋室的大小,此君虽然静静地待在暗处,却具有远见卓识,像摩西一样"ecce cornuta erat ejus facies"（看啊，他的脸上有角）[1]。他迈着均匀的步伐，严肃庄重、彬彬有礼地请你给他几个铜板，滔滔不绝地讲述时势的艰难，横征暴敛和巴比伦的妓女，准时在八点钟关闭牢房的木门，在梦中看到火光、商店里的扒手、宫廷客户和特权场所。一个符合所有这些条件的人物，如果送到城里去，和他的兄弟们会合，将会何等了得啊！再看丁，他正在滔滔不绝、神情投入地自言自语，在一个恰当的时候咬着自己的大拇指，工作和意图交替写在他的脸上；有时候一边疾步行走，一边眼睛盯着手里的一张纸；善于节约时间，听力不大行，视力很不好，记性非常强；永远行色匆匆，善于出点子、谈生意，擅长无言低语这一著名的技艺；对单音节词和拖延时间崇拜得五体投地，乐于向任何人做出永不遵守的承诺；忘了词语通常的含义，可是令人钦佩地记住了声音；思想不集中，永远有事，一直走神。如果你在休息期间走进他的牢房，"先生，"他说，"给我一个便士，我给您唱一首歌，不过要先给我钱。"

---

1. "Cornutus"意思是"有角的"，这是拉丁文《圣经》的一处误译，和合本译作"看见摩西的面皮发光"（《圣经·出埃及记》，第34章，第30句）。

（由此派生出一句流行语——"花钱听歌"，这同时也是一种流行的做法。）全套的求人技巧在这里原原本本地展示了出来，由于用错地方而全部失传。走进另一间陋室，屏住呼吸，你将看到一个乖戾、阴郁、肮脏和邋遢的家伙，在自己的粪便中耙来耙去，把自己的小便四处泼溅。他日常享用的美食是他自己的排泄物，蒸发成气体，在四周不停旋转，最后又降落下来，转了一圈后回到原地。他暗黄色的脸上蓄着星星点点的胡须，与其刚刚开始变稀的食物相得益彰，好像是在粪堆中出生和读书的昆虫，这正是其颜色和气味的出处。这间屋子的学生说话极少，但是呼吸极重。他伸手向你要钱，到手后立即回去做自己原来的事情。如果沃里克巷协会[1]无意重新接纳这样有用的成员，难道不让人感到奇怪吗？如果我们可以根据外表进行判断，他难道不将为这优秀的机构增光吗？另一名学生气势汹汹、神气活现地走到你的面前，鼓着嘴巴，眼珠子几乎要从眼眶里瞪出来，非常优雅地伸手让你亲吻。看守叫你不要害怕，这位教授不会伤害你。只有他才有权使

---

1. 皇家医生协会的所在地。

用接待室，这里的向导告诉你，这位神情凝重的先生是一名因骄傲而发疯的裁缝。这名值得重视的学生还有许多特点，我在这里就不展开了……注意听……如果他的谈吐、动作和神态到那时还不能十分自然、十分得体的话，我犯的这个错误就相当离奇了。

我就不谈那些细枝末节的问题了，比如坚持说什么通过这场改革，大批花花公子、小提琴手、诗人和政治家将浪子回头，重回世人怀抱云云。我要说更重要的事情：吸收大批人才报效国家，其好处不言而喻，恕我直言，他们的学识和才具如果不是明珠暗投，起码也是用非所长。这次调查将让他们发挥各自所长，臻于完美，公众也将受益匪浅。我想我已经讲得很明白透彻了，还有一个例子就更能说明问题了——即便拿我这个发现这些至理的人来说，想象力也是一匹烈马，急于摆脱理性的驾驭。从我长期的经验来看，理性是一个重量很轻的骑手，容易被马甩掉。有鉴于此，朋友们从不放心让我一个人待着，除非我庄严地发誓，为了全人类的共同利益，用诸如此类的方式进行思考。知书达礼、诚实率直的读者对此也许会感到难以置信——他们由于工作的需要，浸淫在博爱、温柔的现代精神之中。

第十节 ［进一步的题外话］

近年来，作者与读者之间彼此相互尊重，以礼相待，为这个有教养的时代增添了无可辩驳的证据。几乎每一部剧本、每一本小册子、每一首诗，都有一篇充斥着致谢之辞的序言，感谢世人给予的欢迎和赞美。至于这份欢迎和赞美是在何地、何时、以何种方式、从何人手中得来的，只有上帝才知道。为了随顺这份值得赞美的风俗，我谨在此感谢国王陛下和上、下议院，感谢最尊贵的枢密院的各位勋爵，感谢尊敬的法官，感谢牧师、绅士和自耕农，尤其要感谢我在威尔咖啡馆、格雷欣学院、沃里克巷、摩尔场[1]、伦敦警察厅、威斯敏斯特宫、伦敦市政厅杰出的兄弟朋友们，总之，感谢所有人对于这篇神圣论文的包容和广泛认可，无论他们在法庭、教堂、军营、城市，还是农村生活和工作。我衷心感谢他们的肯定和好评，鄙人虽然能力低微，如果有机会，一定竭诚报效。

我乐于被命运抛入这样一个书商和作者共享幸福的年代，我可以很有把握地说，他们是英国如今

---

1. 伦敦精神病院的所在地。

唯一感到满足的两类人。试问一位作家，他的新作取得了怎样骄人的成绩。嗯，谢天谢地，反响非常不错，他没有任何理由可以抱怨的。他在百忙之中抽出空来，用了一周时间，断断续续地进行写作。有关情况建议你去看序言，其余的情况则去找书商。你以顾客的身份找到书商，询问同样的问题。感谢上帝，一切顺利。他正准备出第二版，店里只剩三本了。您跟他还价，"好吧，先生，就依您吧。"他希望你以后再度惠顾，价格会尽量让你满意。"请把您的朋友尽可能都叫来，看在您的面子上，我会给他们同样的价格。"

人们没有认真地思考这样一个问题：这些高贵的著述如雨后春笋般地纷纷面世，究竟是出于什么原因。如果不是因为一个雨天，一次酩酊大醉的守夜，一次发怒，一剂药，一个昏昏欲睡的星期天，一轮失败的骰子，一张裁缝开出的长长的账单，一个乞丐的钱包，一个好搞派系的头脑，一轮炙热的太阳，寒酸的酒菜，匮乏的书籍，对于学问的一种正当的蔑视，要是没有它们以及另外一些由于过于冗长而不便写出的事件（尤其是审慎地不内服硫黄），我怀疑作者和作品的数目会缩水到惨不忍睹的程度。谓予不信，一位遗世独立的著名哲学家[1]的高论可以为证。"可以肯定，"他说，"少量的愚蠢是人性的一个组成部分。我们只有一个选择，是把它们戴在里面还是戴在外面。至于人们通常会做出何种选择，我们不需要绕远路、兜圈子，只要想一想，智力和美酒一样，总是轻的浮在上头。"

在这个著名的不列颠岛上，有一位无足轻重、著作等身的末流作家，读者对他的性格不会一无所知。他写一种叫作"第二部"的坏书，一般署名为"第一部的作者"。我可以不费吹灰之力地预见，等我一搁下笔，这个身手敏捷的扒手会立刻偷了去，对我施以惨无人道的暴行，就像他施之于布莱克默医生、莱斯特兰奇以及其他许多在此不具名的人士的一样。我要请伟大的激浊扬善者和人类的热爱者本特利博士主持公道，拯我于水火之中，用他那最现代的思考方式对这巨大的苦难进行研究。如果由于我的罪过，驴子驮着的[2]那个貌似第二部的东西

---

1. 罗斯和沃利指出，培根在《新工具》第1卷第53—58节《论洞穴假象》中有类似的表述。
2. 希腊谚语。本特利在评论波义耳编辑的《法拉里斯书信集》时引用了希腊谚语："列乌康（Leucon）背了一样东西，他的驴子驮了另一样东西。"波义耳认为本特利故意骂他是头蠢驴。

被错误地放在了我的背上，请他立即当着众人的面，帮我卸下这个包袱，带回他家里去，直到那个真正的畜生来找它。

同时，我要在此公开声明，我决意把这些年来准备的东西一股脑儿塞进这篇文章之中。既然我的血管已经切开了，为了亲爱的祖国的特殊利益，为了全人类的共同利益，那就让它一次流到尽。我热心地计算了宾客的人数，可以让他们一顿吃个够，我不屑于用橱柜里的剩饭剩菜来款待客人。客人吃剩下的可以施舍给穷人，骨头可以留给桌下的小狗去啃。我觉得，这比第二天请客人们来吃残羹冷炙，败坏他们的胃口要慷慨得多。

如果读者认真思考了我在上文提出的合理主张，我确信他的脑海中会掀起一场倒海翻江的革命，为他接受和欣赏这篇天下奇文的结尾做好充足的准备。读者可以分成三种：肤浅的、无知的和博学的。我的文笔巧妙地迎合了每一种读者的禀赋和利益。肤浅的读者会莫名其妙地被逗乐，这有利于他们清胸洗肺，主治脾脏疾病，是最为良性的利尿剂。无知的读者（他和前者的差别十分细微）容易瞪目，这对于改善视力有奇效，有利于振作精神，尤其能促进排汗。真正博学的读者将在这里找到足够的材料，在余下的一生中对此进行思考。我主要是为了他的缘故，才在别人睡着的时候醒着，别人醒着的时候睡着。我不揣冒昧地建议我们做一个实验，由基督教世界的君主们各自从国内选七位最深刻的学者，安排七间屋子，关他们七年的时间，命他们针对这篇包罗万象的文章写七篇旁征博引的评注。我敢断言，不管他们的结论如何千差万别，都是从文本中顺理成章地推导出来的，没有半点儿歪曲之处。同时，我热切地期盼，这样有益的工作能够尽快启动（如果各位陛下同意的话），因为我强烈地希望在我有生之年能品尝到一种幸福，一种我们这些神秘的作家在进入坟墓之前几乎不能企及的幸福。名声也许是一种水果，除非扎根于土壤之中，否则，一旦移植到身体上，几乎不能成长，遑论成熟；又或者，她是一种猛禽，被一具尸首的气味吸引了过来；也有可能，她觉得站在坟墓上，有居高临下的优势，又有空坟的回声相助，号声最动听，传播得最远。

　　隐晦的作家们一旦发现了死亡这条捷径，对其名气之杂、名声之广，确实感到由衷的高兴。因为隐晦是万物之母，睿智的哲学家们认为，著作丰饶的程度与其隐晦的程度成正比,所以真正有启发性的著作(也就是最隐晦的著作)有无数的评注者,他们的经院助产术帮他们接生了作者自己可能从来没想到过的意义,在法律上完全可以把他们说成是它们的父亲。这些作家的文字就像是种子,不管多么分散,一旦播撒到一块丰饶的土地上,其繁殖的速度之快远超播种者的希望或想象。

因此,为了推动这一有益的工作,我将简略地点几处隐语,可能会给那些受命对此妙文进行全方位评注的高人带来巨大的帮助。首先,我把数字零乘以七再除以九,此举隐藏了一个非常深奥的秘密。此外,如果一名玫瑰十字会的虔诚兄弟带着火热的信仰热忱地祈祷了六十三个早晨,按照指示移动第二节和第五节某些字母和音节的位置,一定会出现一篇杰作。最后,谁要是不辞劳苦,统计一下每个字母在文中出现的次数,求出它们之间的差额,找到每一个差额真正的、自然的原因,他所获得的发现将足以补偿他的辛勤付出。不过,他要当心Bythus和Sigè[1],不要忘记Acamoth的属性,à cujus

---

[1] "Bythus"和"Sigé"是诺斯替主义的术语,它们的意思分别是"深刻"和"沉默"。"Acamoth"是希伯来语中的"智慧"。

lacrymis humecta prodit substantia, à risu lucida, à tristitia solida, et à timore mobilis（造物主的泪水变成潮湿的物质，他的笑声变成了明亮的物质，他的悲伤变成了坚硬的物质，他的恐惧变成了移动的物质），尤金·菲拉利西斯在这里犯了一个不可原谅的错误。

第十一节 桶的故事

在漫游了如此广阔的天地之后，现在我要快马加鞭，为我的文章画上句号。我要紧扣主题，保持匀速，直至旅途的尽头，除非途中另有美景可以流连。尽管我现在没有收到通知，对此也不抱期望，但一旦发生此事，烦请读者见谅，我在前头带路，我们携手同行，一同饱览路上美景。写作正如旅行，如果有人急着要回家（我可不是这样，我家里没什么事，从来没这么闲过），他的马儿已经厌倦了长途的驱驰和崎岖的道路，或者天生就是一匹驽马，我会明确地向他建议，走最近、最平常的路，不管路面多么肮脏。不过我们要承认，这种人充其量是一名拙劣的旅伴，每走一步路，都在自己和同伴身上溅了一身泥。他们所有的思想、愿望和谈话都倾注于旅途的终点,每一次溅泥、每一个趔趄、每一回跌倒,他们都衷心地希望对方滚蛋。

另一方面,在旅行者及其爱马情绪高昂、身处困境的时候,在他的钱包鼓鼓、时间充裕的时候,他只走干净、方便的道路,尽力款待好同行之人,有机会就带他们去观赏美景,不管是艺术、是自然,还是两者兼而有之。如果他们出于愚蠢或者疲倦的原因,拒绝同行,那就让他们自己走吧,颠死他们。他会在下一个小镇赶上他们,驾着马一路狂奔,直穿而过,男人、女人和孩子都跑出来看热闹。一百只恶狗一边追赶着他,一边狂吠,如果他赏那个追得最猛的一记鞭子,与其说是报复,不如说是玩笑。不过,如果哪只乖戾的杂种狗胆敢靠得太近,它的脸颊会被马蹄凑巧踢中(骏马奔跑的速度丝毫不减),作为敬礼,它悻悻地吠叫着,一瘸一拐地回家去。

现在,我开始概述著名的杰克的奇特经历,我在前一节的结尾记述了他的性格和遭际,细心的读者想必还记得一清二楚。因此,接下来读者一定想从这两者中归纳出一套概念体系,以便理解和真正读懂下文。

杰克不但审慎地策划了他的第一次思想革命，由此引发了埃俄利亚派的流行，还发明了一种新奇的观念，由其丰富的想象力孕育出的概念，尽管表面上看不可理喻，实则暗藏玄机，意蕴深刻，且不乏追随者的支持和改进。像这样从无可置疑的传统和孜孜不倦的阅读中收集来的重要段落，我将在叙述时极其小心，一丝不苟，力求文笔生动，最大程度地把具备如此高度和宽度的概念转换成文字。我毫不怀疑，它们将为那些拥有惊人想象力的人士提供高贵的材料，把一切都变成象征，他们不用太阳就能造出影子，不用哲学就能化影子为实体。他们拥有一种特殊的天赋，能把比喻和寓言强行按在某个字母头上，将平实的文字加工成修辞和神秘。

杰克自备有一份父亲遗嘱的善本，用大字体端端正正地写在一大张羊皮纸上，他决心做一个最孝顺的儿子，成为最热爱遗嘱的人。虽然正如我常常告诉读者的那样，遗嘱通篇记载了简洁明了的关于外衣保养和穿着的指示，以及视其遵守或违反情况而定的奖惩措施，然而杰克产生了一个幻想，认为事情没这么简单，真相一定是深奥而神秘的，在表面的文字下面隐藏着大量秘密。"先生们，"他说，"我将证明这张羊皮纸是肉、酒和布，是点金石、万能药。"他喜不自胜，决心在人生最必要和最无关紧要的场合将其派上用场。他想把它变成什么形状，就能把它变成什么形状，睡觉的时候是睡帽，下雨的时候是雨伞。脚趾头疼了，用一张纸来包裹；痉挛的时候，在鼻子下面烧两英寸；肚子胀得难受，把银币上的粉末都刮下来吞下去——它们都是万无一失的良方。与此相似的是，他在日常谈话中只用遗嘱中的语句，他的大部分言论都不逾越于这一藩篱之外，没有出处的话，一个音节都不敢用。有一次，在一间陌生的屋子里，他突然急着要解手（这里就不具体展开了），遗嘱原来是允许到后面去解决的，但是由于事发突然，他一时忘了原文，在这种情况下，他选择了更审慎的方式，接受通常规定的惩罚。即便是把人类美好的词汇加在一起，也不能再让他身心清净。因为他在查阅遗嘱有关这一紧急状况的规定时发现，靠近结尾的一个段落似乎是禁止这样做的（是否系抄写员塞入的私货，我们不得而知）。

他的宗教从不对着肉做感恩祷告，举全世界之力也不能说服他——按照通常的说法——像基督徒一样吃饭。

他有食用金鱼草和青灰色烛花的怪癖,捕捉和吞食烛花时,其身手之敏捷让人叹为观止,并因此在腹中养了一团永不熄灭的烈火,从眼睛、鼻孔和嘴里发射炽热的气体;他的脑袋在黑夜中就像是驴子的脑袋,调皮的男孩用它装了一小截蜡烛,吓唬国王陛下忠诚的臣民们。因此,他在家不用别的东西照明,还常说聪明人就是自己的灯笼。

他在街上散步时闭着双眼,如果脑袋碰巧撞到柱子上,或者身体掉到阴沟里(两者必居其一,也有可能兼而有之,例外的情况几乎不存在),他会对看笑话的徒弟说,不管是一次失足还是命运的一通殴打,他都甘之如饴。以他长期的经验来看,与命运搏斗是徒劳无益的,谁要敢这么干,不是摔倒在地,就是撞得鼻破血流。"在创世前几天已经注定,"他说,"我的鼻子将和这根柱子发生碰撞,于是上天在同一年代把我们送至世上,让我们成为同胞。如果我睁开眼睛,情况很有可能会更糟。那些有先见之明的人还不是每天照样要犯无数错误?此外,在感觉靠边站的时候,理性之眼看得最真。所以我们可以看到，盲人走路时格外小心、格外得体、格外明智，远远胜过那些过度相信视觉神经的人们，一点点小事就把它震得七荤八素，一滴水、一层雾就让它一筹莫展。它就像一盏灯笼，在街上遇到一伙流氓，大喊大叫，一路扫荡，对灯笼及其主人拳打脚踢；如果他俩不慕虚荣，不在黑暗中行走，也许就能避免这场皮肉之苦。仔细打量这些自我吹嘘的灯笼，我们会发现，它们的行为比其遭遇要糟糕得多。诚然，这根柱子撞破了我的鼻子，上天之所以没有拉一下我的胳膊肘，提醒我绕道而行，不是因为遗忘了，就是觉得不方便。不过，愿当代或后世之人不会在此事的鼓动下，放心地把自己的鼻子交给眼睛看管，事实将证明这是永久失去鼻子的最佳途径。哦，眼睛啊，你们这些盲目的向导，我们脆弱的鼻子的拙劣卫士。你们一看到悬崖峭壁，就牵引着可悲地顺从的身体走到了毁灭的边缘。哎呀！边缘已经风化，我们脚底一滑，坠入一道深渊，途中没有好客的灌木延缓跌势，除非是银桥大王拉乌尔咖尔果[1]，没有一个凡人的鼻子经得起这样的坠落。

1.《堂吉诃德》，上卷，第18章。

所以，哦，眼睛啊，把你比作那些愚蠢的灯光，实在是恰如其分、实至名归，这些灯光引导着人们穿越肮脏和黑暗，直至坠入深坑或恶臭的泥塘。"

杰克的辩才无碍以及在此类深奥问题上的论证能力，由此可见一斑。

此外，他在信仰问题上具有雄图大略，勇于推陈出新。他引入一尊新神，吸引的信徒如过江之鲫，有人称之为巴别，还有人名之为混沌，在索尔兹巴里平原上立了一栋哥特式古庙[1]，以其神龛和朝觐者的纪念仪式知名于世。

当他想搞恶作剧时，即使在阴沟里也会双膝跪地，抬起双眼，开始祷告。识破这一伎俩的人会远远地避开他，如果有陌生人好奇地走过来，笑他的样子或者想听他在说什么，他会突然伸手掏出自己的家伙，冲着他们的眼睛撒尿，同时用另一只手朝他们身上扔泥巴。

冬天，他总是穿着宽松的衣服外出，而且不系纽扣，尽量少穿衣服，以吸纳周围的热量。夏天，他全身裹得严严实实的，好把热气挡在外面。

---

1. 著名的英国巨石阵。

在任何政治革命中，他都会腾出自己的院子，用作总刽子手的办公室。他在履行这一崇高职责时，身手极其敏捷，除了长篇的祷告外不使用任何面具。

他有一个十分发达和灵巧的舌头，能一直拧到鼻孔里，并从那里发出一种古怪的声音。他也是改进西班牙驴叫绝技[1]的第一人，长长的耳朵一直露在外面竖立着，他的技艺已精进到几乎乱真的地步，无论是在外形上还是声音上，都难以分辨哪个是原作、哪个是摹本。

他得了一种和所谓的狼蛛之蜇[2]截然相反的病，一听到音乐的声音，尤其是风笛声，就会得狂犬病。不过，他只要去威斯敏斯特厅、比林斯盖特[3]、寄宿学校、皇家交易所、国有咖啡馆转几圈，很快就痊愈了。

他不怕任何敌人[4]，但对所有的颜色都深恶痛绝，连带着对画家都十分厌恶。他要是发病时在街上漫

---

1. 《堂吉诃德》，第2部，第25、27章。一位市政委员为了寻找自己的驴子而学驴叫，他把声音的抑扬顿挫掌握得恰到好处，可以说是惟妙惟肖。
2. 据说被狼蛛咬到的人会狂舞不止，只有音乐才能使其恢复平静。
3. 伦敦鱼市场。
4. 原文的字面意思是"不怕任何颜色"。

步，会在口袋里装满石头，看到招牌就扔过去。

他在生活中经常盥洗，即使在寒冬腊月，也时常纵身跃入水中[1]，人们发现出水后的他比先前更脏了——如果他还能出来的话。

他最早发现了从耳朵传输安眠药的秘密。那是硫黄和乳香的混合物，还加入了少量香客的药膏[2]。

他在肚子上贴了一大块膏药，涂上了人工腐蚀剂，火辣辣的，疼得他嗷嗷直叫，就像在那著名的木板[3]上放了一块炽热的烙铁。

他站在街道的拐角处，召唤着过往的行人，对这个说："尊敬的先生，请您赏脸在我脸上打一巴掌。"对那个讲："诚实的朋友，行行好，在我屁股上狠狠地踢一脚。""女士，请您用您的玉手赏我一个小小的耳光，好吗？""高贵的上尉，看在上帝的份儿上，用您的手杖对这可怜的肩膀用力打一下吧。"他使尽浑身解数，诚恳地求来了一顿拳打脚踢，其幻想和两肋都膨胀了起来，于是心满意足地回家了，一肚子都是为公共利益经历的可怕遭遇。"看这里，"

---

1. 成年人的洗礼。
2. 用猪油和鱼胶制成的药膏。
3. 榆木板。

他袒露了肩膀说道,"上午七点钟的时候,一名讨厌的土耳其禁卫军打的,我费了九牛二虎之力,才赶跑了这个伟大的土耳其人。邻居们,这里打破了头,要上一些药膏。要不是可怜的杰克脑袋瓜结实,你们今天早就见到教皇和法国国王,在你们妻子的簇拥下,出现在仓库之中了。亲爱的基督徒们,那个伟大的莫卧儿人已经来到白教堂地区[1]了,要不是这可怜的肋骨——上帝保佑我们——他已经把男人、女人和小孩都吞进肚子里去了。"

值得高度关注的是,杰克和彼得兄弟两人之间的厌恶[2]和反感,甚至到了做作的地步。彼得近来干了一些龌龊之事,被迫东躲西藏,天黑才敢出门,怕被法警截住。他和杰克的住处位于城中相距最遥远的两端,什么时候有事或者有兴外出,总要选择最出人意料的时间,最人迹罕至的地点,确保避开对方。尽管如此,他们永远有相遇的机会。原因不难理解,两人的疯狂和怨气建立在同样的基础之上,我们可以把他们看作两个等长的圆规,固定的一脚

---

1. 音译"怀特查佩尔",位于伦敦东区。
2. 天主教徒和狂热的信众,虽然表面上势如水火,然而根据学者的观察,他们在很多事情上如出一辙。

位于同一个中心，尽管起初运动的方向截然相反，最终必定在圆周的某一点相遇。非常不幸的是，杰克和哥哥彼得有许多共同点。两人不但脾气性格一样，连外貌、身高、神采都十分相似。经常有法警抓住杰克的肩膀喊道："彼得先生，你是国王的囚犯了。"还有的时候，彼得的密友走到杰克面前张开双臂："亲爱的彼得，很高兴看到您，拜托给我一服最好的杀虫药。"我们可以想象，杰克多年的苦心孤诣竟然换来这样让人痛心的回报。他一心扑在了自己设定的目标上，结果却是南辕北辙，所有的努力都付之流水，对于一个具有那般头脑和心肠的人而言，这又怎能不产生可怕的后果呢？他剩余的外衣承受了全部的惩罚。每一次太阳从东方开始当天的行程时，他的外衣总要少那么一块。他雇了一名裁缝，把衣领紧紧地缝上，紧得快透不过气来，眼珠子被挤得直翻眼白。还剩下一点儿外衣的主体，他每天都靠着毛坯墙磨两个小时，以求把剩余的花边和刺绣给磨光；他用力过猛，最终成为一名异教哲学家。虽然他付出了这么多努力，结果仍然令他失望。因为破衣烂裳和华衣美服看上去有一种虚假的相似，从表面看都是衣带飘飘，在远处、在黑暗中或者由近视眼来看,两者难以分辨。在这些场合,杰克及其破衣服给人的第一印象是在滑稽可笑地迎风招展,再加上形似和神似,使得他和彼得区隔的大计完全落空,连他们的弟子和追随者都常常认错对象。

... Desunt nonnulla[1] ...

有一句古老的斯拉夫谚语说得很妙:人和驴一样,要想拴住它们,必须在它们耳边找一个牢牢的抓手。我以为我们可以断言,经验证实:

Effugiet tamen hæc sceleratus vincula Proteus.[2]

因此,我们在阅读祖先的格言谚语时,在时间和人物方面要留出很大的余地。因为,翻阅古代的记载,我们会发现,在人耳上爆发的革命最伟大、最频繁。古时候有一种捕捉和保存它们的奇妙发明,

---

1. 意为"原文已佚"。
2. 邪恶的普罗特斯将摆脱这些锁链。——贺拉斯:《讽刺诗集》,第2部第71首。

我想我们应该公正地把它算作遗失的艺术[1]（artes perditœ）。在后来的世纪中，这一物种已经缩小到令人扼腕的程度，即使是还剩余一点点可怜的部分，也已经退化了，让我们这些还能熟练应用它的人沦为笑柄。除此之外，事情还能怎样发展呢？如果雄鹿耳朵上的一道口子就足以传遍整个森林，那么对于父辈和我们近来频繁修剪耳朵所造成的重大后果，我们又何必大惊小怪？在我们这个岛屿沐浴神恩的时候，完善耳朵发育的努力确实层出不穷[2]。大耳朵不仅被视为外在的装饰，也是内在恩宠的象征。此外，博物学家认为，既然在人体的高级区域有耳朵与鼻子等凸出物，在人体的低级区域也一定有凸出物与之呼应。所以，在那个真正虔诚的年代，男性在所有的会议上都十分主动地展示耳朵及其周边区域（依其天赋而定）。因为，希波克拉底告诉我们，耳后的血管被切掉后，男人会变成阉人。女性毫不害羞地看这些地方，并从中得到启发。已经用过这一方法的人，认真地上下打量，希望借此孕育出优良的后代。还有人心怀博爱，发现选择余地很大，

---

1. 即前文所引的潘西罗利的著作。
2. 清教徒中有一派喜将头发剪短（因此耳朵突出），是为圆颅党人。

她们一定会选择耳朵最大的那个，这样产生的后代可能不会缩水。最后，更为虔诚的姐妹把这一器官异常的膨胀看成是热心的突出表现或者精神的赘疣，她们对这样的脑袋充满敬意，仿佛它们是恩宠的标志。其中尤以传道士的耳朵为最，他们的耳朵通常是最大的，并频频精准地展示给人们看。在其才思泉涌之际，有时候给这边看看（hold forth），有时候给那边看看，根据这一风俗，直到今天干这一行的还把布道的过程称为高谈阔论（hold forth[1]）。

圣人们就这样一步步地扩大这一器官。要不是随着时间的流逝，出现了一位残酷的国王[2]，对所有超过一定高度的耳朵进行了血腥的迫害，人们原本认为，从各方面看它都已经成功在望。在这种形势下，有人把繁茂的嫩枝藏在黑色的花边里，还有的潜伏在假发下，有的切掉，有的剪短，许多人的耳朵被切得只剩下耳根。更多的情况参见我的《耳史》，预计将于近日呈献给公众。

以上简要回顾了耳朵过去的衰落，如今的冷

---

1. 滔滔不绝的演说，带有贬义。
2. 指查理二世，他复辟后驱逐了所有不服从国教的教士。——原注
   1662年，查理二世颁布《单一法令》，将两千多名教士驱逐出国教。

落，昔日的繁荣茂盛今日已难以为继，在这种情况下，我们还有什么理由继续依赖这样短小、软弱和不牢靠的抓手呢？答案不问可知。要想把人类紧紧地攥在手里，必须另辟蹊径。周密细致地审视人性，我们会发现几个抓手，六种感觉[1]均在此列，很多抓手被紧紧地拧在了激情之上，少数几个铆牢了理智。好奇属于后面这一类，是其中抓得最牢的。对于一个懒惰、急躁和低声咕哝的读者来说，好奇是两肋上的踢马刺、口里衔着的缰绳、鼻上穿过的鼻环。作者通过它来抓住读者，一旦把它攥在手中，读者就成为作者的囚徒，由其任意摆布，读者怎么抵抗和挣扎都无济于事，直至疲倦和迟钝迫使作者撒手为止。

因此，作为这篇宏文的作者，我通过上述的抓手紧紧地抓住高贵的读者们，其效果之好出人意表，我最后非常不情愿地被迫放手，让他们打着与生俱来的哈欠，专心研读余下的部分。有教养的读者，我只能向您保证，让我们大家都感到安慰的是，对于遗失回忆录其余部分（或许混入了我的文稿之中）这桩不幸，我们的心情是一样的。佚文中有新鲜好

---

[1] 第六种感觉是把其他五种感觉统合在一起的感官。

看、出人意料的事件、转折和冒险,全都是根据这个高贵时代的优雅品位量身定做的。唉,我尽了最大的努力,还是只保留了几个标题。原文原原本本地描述了彼得如何得到王座法庭的通行证,如何与杰克言归于好,两人设计在一个雨夜把兄弟马丁引至一处负债人拘留所,把他剥个精光。马丁如何使尽九牛二虎之力,逃脱他们的魔爪。如何发出了针对彼得的新逮捕证。在这危难之际,杰克如何抛弃了彼得,偷走通行证,给自己使用。杰克的破衣服如何风靡宫廷和城市。他如何骑上大马,吃蛋奶沙司。所有相关的细节以及别的一些题目,都已被彻底遗忘,永无恢复的可能。让读者们在各自健康允许的限度内互致哀悼吧,不过,凭着我们从书名页到这里建立起来的友谊,恳请他们不要为一件不可挽回之事伤及身体。好了,让我继续写下去,作为一位有造诣的作家,还缺少一个礼节性的部分;同时,作为一名文明的现代人,也最不应该省略这一部分。

结束语

走得太远和走得太近都会导致失败——虽然前

者没那么常见——在脑力劳动中尤其如此。那位高贵的耶稣会会士[1]十分真诚,他率先撰文承认,书籍要和服装、饮食、娱乐一样应时而变。我们这个高贵的民族更加真诚,在诸多法国时尚中对此精益求精。生活放荡的我亲眼见过,一本书错过了时机就会遭到遗忘,就像白天的月亮,又像是已过时令一周后的鲭鱼。没有人比购买了本书的书商更细心地观察天气变化。他丝毫不差地知道,在干旱的年份哪种题材卖得更火,在气压计预示大雨将临时,应该主推哪种题材。他在看到此文并查询历书后对我说,他慎重地考虑了两件大事:篇幅和主题。他发现,只有经历一个漫长的假期,并且必须在一个芜菁的小年,它才会大获成功。我想知道,鉴于我的迫切要求,在他看来这个月会流行什么。他面朝西方说道:"恐怕天气有点儿不妙。不过,如果你准备一些小笑话(不过不要写诗歌)或者一篇关于□□□的小文章,它会像野火一样一发不可收拾。火势止住,也不打紧,我已经雇人批驳本特利博士,

---

1. 皮埃尔-约瑟夫·德·奥尔良(Pierre-Joseph d'Orleans,1641—1698年),法国历史学家。

相信一定会马到成功。"

最后，我们一致同意采取以下策略：如果有顾客来买书，私底下想知道作者的名字，他会以朋友的身份任意举一位当周走红的才子。如果德菲的上一部戏还在上演，我很愿意选他，就像愿意选康格里夫一样。我之所以这样说，是因为我非常了解如今有教养的读者的口味，经常十分欣喜地注意到，苍蝇被从蜜罐上赶走后，立刻降落在粪堆上，狼吞虎咽地继续享用它的美餐。

我要就深奥作家的话题说一句话，近来他们的人数大大膨胀。我非常明白，明智的世人把我归入这一行列。我觉得，就深奥而言，作家和水井是一样的道理。再深的井，只要有水，视力好的人可以一眼看到井底。如果井底只有干涸和污泥，虽然离地面只有一码半的距离，然而人们误以为它深不见底，理由很简单：因为它暗无天日。

我正在做一个现代作家司空见惯的实验，即无主题写作——在把主题掏空后，让笔尖继续移动，执笔者叫作鬼才子，它喜欢在肉身死亡后出来走动。说真的，知道何时收手的人少，知道其他知识的人多。作者在写完一本书的时候，已经和读者成为难舍难分的老友。所以有时候我觉得，写作和探亲访友一样，离别的客套比此前的交谈花的时间更多。文章的结尾像是人生的结尾，有时候又被人比作宴会的结尾。没有几个人愿意离开，ut plenus vitœ conviva（就像是一个充满活力的宾客）。因为人们在酒足饭饱之后，会坐下来打个盹儿，或者用当天余下的时间睡上一觉。关于后者我和其他作者截然相反，在这杌陧不安的时代，如果能对人类的休眠略尽绵薄之力，我会感到非常自豪。我不像有些人那样，认为这一工作和才子之职格格不入。因为，像希腊这样非常文雅的国度，为睡眠和缪斯建立了同样的神庙，向其奉献牺牲，希腊人相信他们之间有着牢不可破的友谊。

我最后还要拜托读者，不要指望本文的每一行、每一页同样妙趣横生、见识通达，对于作者和你本人的怨气与一时的沉闷，请予以一定的谅解。请你郑重其事地问自己这么一个问题：如果你在恶劣的天气或者下雨的日子里在街头踯躅，窗里传来人们好整以暇的闲言碎语，批评你的步态、嘲笑你的衣着，你是否感觉心平气和。

在分配大脑工作的问题上，我认为要以虚构为主，方法和理性为辅。之所以如此分配工作，是鉴于我的特殊情况，我这个人经不起诱惑，经常在自己既不聪明也不明智更不掌握情况的场合下试图妙语如珠。我是现代方式的忠实信徒，绝不错过显才扬己的机会，不管要费多大力气，有多么不恰当。我经过艰苦努力，搜集了738条当代最优秀作家的精华和亮点，经过发愤苦读，把笔记本中的内容融会贯通，花了五年的时间，才在日常谈话中生拉硬拽、强行塞入了12条。其中一半由于没碰上合适的谈话对象而铩羽而归，另一半我煞费苦心、磕磕绊绊、拐弯抹角地想把话题引过来，实在不胜其累，最后只好放弃。我必须承认（公布一个秘密），这一失意让我产生了当作家的念头；后来我在一些朋友那里发现，人们普遍对此怨声载道，很多人做出了同样的反应。我发表了许多精彩的言论，但都被弃之如敝屣；在获准提拔，印成铅字后，受到人们的重视，大受读者欢迎。现如今，在出版界的纵容和鼓励下，我可以不受场合和时机限制地任意展示我的才华，不过我已经发现，我的评论篇幅过大，不宜阅读。所以我要在此稍作休息，体察世人和我自己的心绪，等到大家都觉得绝对必要的时候再从事写作。

图书在版编目（CIP）数据

桶的故事 /（英）乔纳森·斯威夫特著；管欣译. —北京：商务印书馆，2023
（伟大的思想. 第二辑）
ISBN 978 - 7 - 100 - 22031 - 6

Ⅰ.①桶… Ⅱ.①乔…②管… Ⅲ.①散文集 — 英国 — 近代 Ⅳ.①I561.64

中国国家版本馆 CIP 数据核字（2023）第062014号

权利保留，侵权必究。

伟大的思想 第二辑
桶 的 故 事
〔英〕乔纳森·斯威夫特 著
管 欣 译

商 务 印 书 馆 出 版
（北京王府井大街36号 邮政编码100710）
商 务 印 书 馆 发 行
山 东 临 沂 新 华 印 刷 物 流
集 团 有 限 责 任 公 司 印 刷
ISBN 978 - 7 - 100 - 22031 - 6

2023年9月第1版	开本 787×1092 1/32
2023年9月第1次印刷	印张 47

定价：260.00元（全十册）